IMPARARE LO SPAGNOLO

INDICE

1
___

APRENDAMOS JUNTOS

L'alfabeto - el abecedario

L'alfabeto spagnolo è composto da 29 lettere, di seguito possiamo vedere la lettera, la pronuncia spagnola e la pronuncia italiana:

A a a, B Vé Un suono tra la b e la v, C Cé s, CH Ché ce, D Dé d, E È è, F Efè f, G Gé che, H Hache Ace, I I i, J Jota Ch-ota, K KA K o C, L ÈLÉ l, LL ÈLLÉ gli, M ÈMÉ m, N ÈNÉ n, Ñ ÈÑÉ gn, O O Ò, P PÉ p, Q KU q, R ÈRÉ r, S ÈSÉ s, T TÈ t, U U u, V Vè v, X Èquis Cs, Y I Greca i, W DOBLE U u, Z CÈTA s.

La Pronuncia – Pronunciación

Le vocali:

Le vocali si pronunciano come in italiano. lo spagnolo ha e non distingue, il suono della o e della e aperte e chiuse. A differenza dell'italiano, non ha parole uguali con accenti diversi.

La i tra due vocali e al finale della parola diventa y, come nell'antico italiano la j (ajola, ajuto, ecc.).

Le consonanti:

c, in Spagna davanti alla i e alla e suona come una specie di th inglese, mentre in America Latina suona s. Davanti alla o, alla a e alla u suona come in italiano (ca, co, cu).

La doppia c suona kth o ks (d'accordo con la pronuncia spagnola o latinoamericana).

Ch, davanti a tutte le vocali suona ci, ce, cia, cio, ciu. (cha, cho, chu suonano come in italiano in ciao, cioccolata, ciuco; però se c'è una i prima della a (chia) si pronuncia cìa.

La g suona ch davanti alla e ed i, mentre suona come in italiano d'avanti alla a, o ed u.

La gn non suona mai come la gn italiana, ma si pronuncia separata g-n.

La gl si pronuncia sempre come in italiano. La gue e la gui si pronunciano ghe e ghi.

La j ha sempre il suono del ch tedesco.

La l si pronuncia quasi come la gli italiana.

La ñ ha sempre il suono dell'italiano gn.

La q italiana è quasi sempre sostituita in spagnolo dalla c.

La qui e la que spagnole si pronunciano chi e che.

La r si pronuncia come la doppia r italiana.

La s ha sempre un suono aspro, a volte può suonare come una doppia s. In spagnolo non esistono parole che cominciano con la s impura (s seguita da consonante), ma la s è sempre preceduta dalla e.

La sce e la sci si pronunciano ss (sth in Spagna).

Il suono italiano di sce e sci non esiste in spagnolo.

La z suona sempre th in Spagna.

Consonanti doppie esistono solo la doppia c, la doppia n e la doppia r.

Gli Accenti – Acentos

In spagnolo non esiste l'apostrofo e c'è solo un accento grafico (accento acuto) che si segna sulla vocale tonica. Nella parole piane che terminano in vocale, dittonghi, n ed s non si segna l'accento.

Esempi:

caballo (cavallo), hombre (uomo), comadre

(comare), margen (margine), soldados (soldati), ocio
(ozio).

Nelle parole tronche che terminano per consonante, con eccezione della n e s, non si segna
l'accento;

virtud (virtù), bondad (bontà), reloj (orologio),
comer (mangiare), jugar (giocare), tocar (suonare).

Tutte le eccezioni alle due regole anteriori e tutte
le parole sdrucciole e bisdrucciole vogliono l'accento
grafico;

árbol (albero), inglés (inglese), préstamelo (pre-
stamelo), lávalos (lavali), amén (amen), papá (papà),
mamá (mamma), tío (zio), máquina (macchina), auto-
móvil o carro o coche (auto).

Come in italiano ci sono parole uguali con o senza
accento per distinguerle: él (eg i, lui), el (l, lo), tú
(tu), tu (tuo).

Il plurale dei nomi - el plural de nomim

Il plurale dei nomi spagnoli si forma aggiungendo:

la s, se i nomi terminano per vocale;

la es, se i nomi terminano per consonante.

ManoManos

PlanPlanes

Gli accenti - acentos

Nella lingua spagnola gli accenti sono ovunque: sono fondamentali e ci sono regole ben precise da rispettare per la loro posizione.

È importante contare, partendo dalla fine della parola, il numero delle sillabe e, sentendo dove cade l'accento, procedere nel seguente modo:

- se l'accento cade sulla terzultima sillaba, ci vuole sempre. Esempi: mé-di-co rá-pi-do au-to-má-tico;
- se l'accento cade sulla penultima sillaba, l'accento non si mette se le parole terminano in n o in s o in vocale. Esempi: di-fí-cil vi-si-ta cár-cel co-ra-zón pas-ión mu-jer ca-yó;
- se l'accento cade sull'ultima sillaba, si mette se le parole terminano in n o in s o in vocale. Esempio: co-ra-zón pas-ión mu-jer ca-yó.

Si usa l'accento anche per dare un significato diverso alla parola o per evitare confusioni in uno specifico contesto. Ecco alcuni esempi:

más Più: Quiero más dinero = voglio più soldi

mas Ma: Tengo hambre, mas no tengo sed = Ho fame ma non ho sete

tú Tu (soggetto): Tú eres Pablo

tu Il tuo (aggettivo): Tu libro

él Lui (soggetto): Él se llama Pedro = Lui si chiama Pedro

el Il (articolo): El libro me gusta = Il libro mi piace

mí Mi (pronome) Es para mí = è per me

mi mio (aggettivo) Mi libro = il mio libro

sí sì (affermazione): ¡Sí!

si se (disgiuntiva): Si vienes, te espero = Se vieni, ti aspetto

dé Dia (congiuntivo del verbo dar): Déme ese libro, por favor = Mi dia questo libro, per favore

de Da: Vengo de Burgos

sé So (dal verbo saber): Lo sé

se si (riflessivo): Se viste = si veste

té Te (bevanda): Me gusta el té

te ti (pronome): ¿Te gusta? =Ti piace?

aún Ancora, tuttora: Aún no ha llegado = non è ancora arrivato

aun: Neppure Ni aun él lo pudo evitar = neppure lui è riuscito ad evitarlo

sólo: Solamente Tú sólo puedes ayudarme = mi puoi aiutare solo tu

solo: da solo Hoy estoy solo = oggi sono da solo

éste, ésta, ése, ésa, aquél, aquélla: Questo, questa, codesto, codesta, quello, quella (pronomi): Me gusta éste = Mi piace questo

este, esta, ese,esa, aquel, aquella (funzione di aggettivi se di fronte ad una relativa senza virgola in mezzo): Este libro me gusta =Mi piace questo libro; Este que vi no lo conozco = questo che ho visto non lo conosco

o: o, oppure carne o pescado = carne o pesce

ó: o, tra numeri, per distinguerlo dallo zero 1 ó 2 = 1 o 2

como Mangio (dal verbo comer): Como la pasta

cómo Come: No sé cómo pudo pasar = non so come è potuto accadere

cuál Come: Éste es la habitacion en la cual viví = Questa è la stanza in cui ho vissuto; ¿Cuál es la tuya? = Quale è la tua?

quién Chi: El chico con quien estás hablando... = Il ragazzo con cui stai parlando...; No sé con quién estás hablando = Non so con chi stai parlando

qué Chi/Che: El que manda es Pablo = Chi comanda è Pablo; No sé qué decir = Non so cosa dire

dónde Dove: La casa en donde vive es bonita = La casa in cui vive è bella; ¿De dónde vienes? = Da dove vienes?

cuándo Quando: Hazlo cuando tengas tiempo = Fallo quando hai tempo; Por favor, dime cuándo vendrás = Per favore, dimmi quando verrai; cuánto Quanto ¿Cuánto cuesta? = Quanto costa?

por qué Perché: Se decidió por que fuera Antonio = Si decise che fosse Antonio; Por qué no puedes? = Perché non puoi?; porqué Perché: No salgo porque no tengo tiempo = Non esco perché non ho tempo; No sé el porqué de todo ello = Non so il perché di tutto ciò

I falsi amici - falsos amigos

Anche in spagnolo possiamo trovare parole che possono trarre in inganno. Vengono definite "falsi amici" e di seguito saranno elencate le più note:

- i falsi amici di prima categoria esistono in italiano ma hanno un significato diverso in spagnolo

AceroAcciaio
BurroAsino
CaraViso, faccia
CinturaVita, Fianchi
CitaAppuntamento
GambaGambero

LargoLungo

PrendaStraccio

PrimoCugino

ProntoPresto

VasoBicchiere

- I falsi amici di seconda categoria sono simili alle parole italiane ma hanno un signfiicato diverso.

AceiteOlio

ApuroImbarazzo, Fretta

ArribaSu

BragasMutande

ColetaCoda

ContumazTestardo

CuartoStanza

DoblarPiegare

EfectivoContanti

En cuantoNon appena

EspaldaSchiena

EstancoTabaccheria

GafasOcchiali

HombroSpalle

ListoPronto

LlevarPortare

Lo sientoMi spiace

LuegoPoi, Dopo

NarizNaso

NegocioAffare, Lavoro

PasadoDopodomani

PegarAttaccare

Por supuestoOvviamente

RumboRotta

SalirPartire

SecadorPhon per capelli

SeguramenteProbabilmente

SuspenderFallire

TiendaNegozio

TocarSuonare

- I falsi amici di terza categoria sono parole che assomigliano a quelle italiane nella pronuncia ma hanno un significato differente

BandejaVassoio

BarbillaMento

BilleteraPortafoglio

ChisteBarzelletta

EquipajeBagaglio

FechaData

HabitaciónStanza

LadrilloMattone

NegocioAffare, Lavoro

PlanchaFerro da stiro

TripulaciónEquipaggio

VaquerosBlue Jeans

Esercizi - ejercicios

È il momento di mettere in pratico quanto appreso in questo capitolo. Esegui questi esercizi a voce oppure su un quaderno.

L'accento: riempi ora gli spazi con la vocale mancante opportunamente accentuata.

… l primer día de escuela nunca se olvida. Il primo giorno di scuola non si dimentica mai.

¿Qui … nes son tus mejores amigos? Chi sono i tuoi migliori amici?

A m… me da igual, así que hagamos lo que tú quieras. Per me fa lo stesso, quindi facciamo come vuoi tu.

La fiesta de boda de Francesco y Maria Luisa ha sido muy rom…ntica. La cerimonia di nozze di Francesco e Maria Luisa è stata molto romantica.

Los Tiquete viaj...n muy a menudo. La famiglia Tiquete viaggia molto spesso.

No me acuerdo su nombre, pero s... que es un actor famoso. Non ricordo il suo nome però so che è un attore famoso.

La maternid...d es una experiencia importante en la vida de toda mujer. La maternità è un'esperienza importante nella vita di ogni donna.

¿De d...nde viene ese olor a fresa? Da dove viene questo profumo di fragole?

D... vez en cuando, me gusta ir a la montaña para descansar. Ogni tanto mi piace andare in montagna per riposarmi.

¿Has visto 'La casa de pap...l? Hai visto 'La casa di carta'?

2
___

L'ARTICOLO – ARTÌCULOS

Articolo determinativo - artículo determinante

L'articolo determinativo indica il genere maschile, femminile, neutro e il numero, singolare e plurale.

Singolare: El La Lo Plurale: Los Las

Tra gli usi particolari dell'articolo determinativo vanno ricordati i seguenti:

- *El* si fonde con le preposizioni *de* e *a* che lo precedono dando origine ai cosiddetti articoli contratti (o preposizioni articolate) *del* e *al;*

- *La*, davanti ai sostantivi femminili che iniziano con la *a* o il gruppo *ha* tonico, assume la forma *el;*
- *Lo* precede aggettivi, pronomi possessivi e participi sostantivati quando hanno valore astratto e generico; e pertanto esso non ha plurale.

L'articolo determinativo invece si omette davanti a:

- nomi geografici (continenti, stati, regioni). Questi nomi geografici si usano con l'articolo se sono seguiti da qualche determinativo che ne precisa o limita il significato;
- aggettivi possessivi;
- giorni della settimana quando sono precedudi dal verbo essere.

Articolo indeterminativo - artículo indeterminado

Singolare *Un Una* Plurale *Unos Unas*

Tra gli usi particolari dell'articolo determinativo vanno ricordati i seguenti:

- *Un* si usa davanti ai sostantivi femminili che iniziano con la *a* o il gruppo *ha* tonico;
- *Unos, unas,* anteposti a un numero cardinale, servono a indicare che la quantità espressa dal numero è approssimata;
- *Unos, unas* (e anche *algunos*, *algunas*) sono gli equivalenti in spagnolo dei partitivi italiani *dei, degli, delle.*

L'articolo indeterminativo si omette davanti a *otro*, *semejante* e *cuarto* (quando viene impiegato per indicare l'ora).

I sostantivi - sustantivos

Per quanto riguarda il genere, in spagnolo come in italiano i nomi sono maschili e femminili.

Sono maschili:

- i nomi che terminano in *-o, -e, -*consonante;
- inomi dei giorni della settimana, dei mesi, dei monti, dei fiumi e degli alberi da frutta.

Sono femminili:

- i nomi che terminano in *-a;*
- i nomi delle frutta.

Molti nomi in spagnolo presentano un'unica forma per il femminile e per il maschile, differenziandosi solo per l'articolo.

Alterazione dei nomi - alteración de los nombres

L'accrescitivo

Si forma di solito aggiungendo ai nomi i suffissi *-ón, -azo, -acho, -ote.* Se il nome termina in vocale, quest'ultima viene soppressa prima di aggiungere il suffisso.

Per l'uso dei diversi suffissi non ci sono regole:

generalmente il suffisso *-ón* ha unicamente funzione di accrescitivo, mentre *-azo, -acho, -ote* indicano, oltre all'accrescitivo, anche altre caratteristiche come la goffaggine, la grossezza, ecc. Alcuni nomi formano l'accrescitivo mediante altri suffissi quali *-etón, -erón, -arrón*, che in molti casi cambiano il genere del nome stesso.

Il diminutivo

Il diminutivo è molto più usato in spagnolo che in italiano. Si forma normalmente aggiungendo ai nomi i suffissi *-ito, -ico, -illo, -uelo*. Non tutti i sostantivi ammettono indistintamente i suffissi indicati, non ci sono regole e solo la pratica insegna a usarli corret-tamente.

Il dispregiativo

Si forma per lo più con il suffisso *-acho*, però talvolta, per dare un senso di meschinità, imperfe-zione o approssimazione, si usano anche *-ajo, -astro, -ucho, -uco, -uza*.

Gli aggettivi qualificativi - adjetivos calificativos

Gli aggettivi qualificativi presentano il maschile e il femminile, singolari e plurali e si collocano generalmente dopo il nome a cui si riferiscono. Concordano sempre in genere e numero con il sostantivo a cui si riferiscono e assumono la forma maschile quando si riferiscono a più sostantivi di diverso genere o numero.

Gli aggettivi che terminano al maschile in *-án, -ín, -ón, -or*, aggiungono per il femminile una -a finale.

Gli aggettivi che terminano al maschile in *-ior* (e i comparativi *mayor, menor, mejor, peor*) rimangono invariati

Gli aggettivi che terminano in *-ete, -ote*, cambiano la vocale *-e* in *-a*.

Tutti gli aggettivi che terminano in *-o* cambiano questa vocale in *-a*.

Tutti gli altri aggettivi rimangono invariati.

Per quanto riguarda la formazione del plurale, se l'aggettivo termina per vocale non accentata, si aggiunge *-s* alla forma singolare

Se l'aggettivo termina per consonante o per vocale accentata, si aggiunge *-es* alla forma singolare

Se l'aggettivo termina per *-z*, questa consonante cade prima di aggiungere *-ces*.

Esercizi - ejercicios

È il momento di mettere in pratico quanto appreso in questo capitolo. Esegui questi esercizi a voce oppure su un quaderno.

Articoli determinativi e indeterminativi: inserisci l'articolo corretto

He comprado … manzanas. Ho comprato delle mele.

… sol es … estrella. Il sole è una stella.

Ayer vi … nueva pelicula de Martin Scorsese. Ieri ho visto il nuovo film di Martin Scorsese.

Quiero comprarme … libro. Voglio comprarmi un libro.

Quiero comprarme … último libro de Alberto Angela. Voglio comprarmi l'ultimo libro di Alberto Angela.

En el curso de francés hay … cosas que no entiendo. Nel corso di francese ci sono delle cose che non capisco.

… hecho, hecho está. Cio che è fatto, è fatto.

Mercurio es … planeta más pequeño del sistema

solar. Mercurio è il pianeta più piccolo del sistema solare.

… hijas de Carmen son … niñas muy lindas. Le figlie di Carmen sono delle ragazze molto carine.

¡ Mis padres me van a regalar … perrita, por fin! La llamaré Laika. I miei genitori mi regaleranno una cagnolina, finalmente! La chiamerò Laika.

… Canarias están cerca de África. (Le Canarie sono vicino all'Africa)

… Prado es … museo de Madrid. (Il Prado è un museo di Madrid)

En … Mancha se produce queso muy rico. (Nella Mancha si produce un formaggio buonissimo)

Tengo que comprarme … camisas para … nuevo trabajo. (Devo comprarmi delle camicie per il nuovo lavoro)

… hermana de Francisco es ingeniera. (La sorella di Francesco è ingegnere)

Sicilia es … isla preciosa. (La Sicilia è un'isola bellissima)

Luisa está aprendiendo a tocar … guitarra. (Luisa sta imparando a suonare la chitarra)

¿Quiere también … peras? - No, gracias. Sólo … manzanas. (Vuole anche delle pere? - No, grazie. Solo le pere)

... latín es una lengua muy antigua. (Il latino è una lingua molto antica)

¿Podrías darme ... informaciones sobre el curso de baile, por favor? - Por supuesto. (Potrebbe darmi delle informazioni sul corso di ballo, per favore? - Certamente)

Me gustaría tener ... perro dentro casa por la noche, pero él prefiere quedarse en ... jardín. Vorrei tenere il cane dentro casa di notte, però lui preferisce rimanere in giardino.

... bueno del invierno son ... vacaciones de Navidad. La cosa buona dell'inverno sono le vacanze di Natale.

No me gusta ... amargo. Non mi piace l'amaro.

Hay ... cosas de ti que me encantan. Ci sono delle cose di te che mi piacciono molto.

¿Qué es ... mejor de tu ciudad? Qual è la cosa migliore della tua città?

¿Conoces a Laura? - Si, salimos juntas ... veces. Conosci Laura? - Si, siamo uscite insieme qualche volta.

Me duele ... garganta. Mi fa male la gola.

... más importante es ser feliz. La cosa più importante è essere felici.

Todo cuento comienza con ... mágica frase:

"Érase … vez...". Tutti i racconti cominciano la magica frase "C'era una volta...".

Pablo es … amigo de mi hermano. Paolo è un amico di mio fratello.

3

COMPARATIVO E SUPERLATIVO - COMPARATIVO Y SUPERLATIVO

Maggioranza e minoranza

más ... *que* è la forma del comparativo di maggioranza e menos ... que è la forma del comparativo di minoranza.

Si usa *de* invece di *que* quando il secondo termine di paragone è una proposizione o un numerale.

Uguaglianza

Si forma con

- *tan* ... *como* quando la comparazione si riferisce a un aggettivo;
- *tanto/a/os/as* ... *como* quando la comparazione avviene con sostantivi;
- *tanto* ... *como* con i verbi.

Forme comparative irregolari

más bueno (più buono) *mejor* (migliore)

más malo (più cattivo) *peor* (peggiore)

más pequeño (più piccolo) *menor* (minore)

(o *de menos edad*, di etàminore)

más grande (più grande) *mayor* (maggiore)

(o *de más edad*, di etàmaggiore)

más arriba (più in alto) *superior* (superiore)

(o *de más calidad*, di qualitàsuperiore)

más abajo (più in basso) *inferior* (inferiore)

(o *de menos calidad*, di qualitàinferiore)

Superlativo relativo

Il superlativo relativo di maggioranza si forma premettendo *el/la/los/las más* all'aggettivo, seguito da *de*.

Il superlativo relativo di minoranza si forma premettendo *el/la/los/las menos* all'aggettivo, seguito da *de*.

In entrambi si usa *que* invece di *de* davanti ai verbi.

Superlativo assoluto

Per la formazione del superlativo assoluto, si

premette l'avverbio *muy* all'aggettivo qualificativo, si aggiungono all'aggettivo i suffissi *-ísimo/-ísima/-ísimos/-ísimas*.

gli aggettivi che terminano in *-co* e in *-go* cambiano la terminazione in *-qu* e *-gu*, prima di aggiungere il suffisso. gli aggettivi che terminano in *-ble* trasformano questa sillaba in *-bil*, prima di aggiungere il suffisso.

Forme irregolari di superlativo assoluto
   bueno (buono)*óptimo* (ottimo)
   pequeño (piccolo) *mínimo* (minimo)
   malo (cattivo) *pésimo* (pessimo)
   grande (grande) *máximo* (massimo)

4

GLI AGGETTIVI - ADJETIVOS

Aggettivi Possessivi - adjetivos posesivos

Gli aggettivi possessivi variano in base alla loro posizione, ovvero se li troviamo prima o dopo il sostantivo a cui si riferiscono. Il nome mantiene l'articolo o l'aggettivo, enfatizzano il senso di appartenenza e con il verbo *ser* rafforzano l'idea di possesso. Quando vanno prima del nome li troveremo nella seguente forma:

Singolare: mi (mio), tu (tuo), su (suo), nuestro / nuestra (nostro / nostra), vuestros / vuestras (vostri / vostre), su (loro).

Plurale: mis (miei), tus (tuoi), sus (suoi), nuestros/nuestras (nostri/nostre), vuestros/vuestras (vostri/vostre), sus (loro).

In questi casi non sono mai preceduti dall'articolo.

Quando un sostantivo è preceduto da due aggettivi possessivi, il secondo va posto dopo il sostantivo.

L'aggettivo possessivo non può essere preceduto da un numero cardinale; in questo caso il numero precede il sostantivo e l'aggettivo va posposto.

Quando vanno dopo il nome li troveremo nella seguente forma:

Singolare: Mío / mía, Tuyo / tuya, Suyo / suya, Nuestro / nuestra, Vuestro / vuestra, Suyo / suya.

Plurale: Míos / mías, Tuyos / tuyas, Suyos / suyas, Nuestros / nuestras, Vuestros / vuestras, Suyos / suyas.

In questo caso concordano in genere e numero con il sostantivo.

Aggettivi dimostrativi - adjetivos demostrativos

Singolare maschile: este (questo), ese (codesto), aquel (quello).

Singolare femminile: esta (questa), esa (codesta), aquella (quella).

Plurale maschile: estos (questi), esos (codesti), aquellos (quelli).

Plurale femminile: estas (queste), esas (codeste), aquellas (quelle).

Tali aggettivi determinano il nome e non hanno l'accento. Concordano in genere e numero con il sostantivo. Normalmente precedono il nome, ma in espressioni enfatiche possono anche seguirlo; in questo caso il nome è preceduto dall'articolo determinativo.

Due aggettivi dimostrativi non possono precedere lo stesso nome, come invece avviene in italiano: in spagnolo il primo aggettivo precede regolarmente il sostantivo e il secondo è posposto

Un sostantivo non può essere preceduto da un aggettivo dimostrativo e da un possessivo; in questo caso il possessivo sarà posposto al nome

Aggettivi e pronomi indefiniti - adjetivos y pronombres indefinidos

Conferiscono al nome che qualificano o sostituiscono un valore indeterminato: quantitativo, qualitativo o intensivo.

Tra questi ricordiamo:

Algo, Qualcosa: è un pronome indefinito neutro, che serve per indicare un oggetto indeterminato o una azione indefinita; se precede l'aggettivo, il verbo con il quale concorda è alla terza persona singolare.

Alguien, Qualcuno: ha funzione di sostantivo e si riferisce sempre a persona indeterminata, mai a cosa o animale; è sempre maschile e non ha plurale.

Alguno/a/os/as, Alcuno/a/i/e: vale come aggettivo o come pronome.

Nada, Nulla: è un pronome indefinito neutro e si oppone ad *algo* e *todo*; se precede l'aggettivo, il verbo con il quale concorda è alla terza persona singolare.

Nadie, Nessuno: ha funzione di sostantivo e si riferisce sempre a persona, mai a cosa; è solo pronome, è invariabile e si usa con il verbo al singolare.

Demás, Altri: è pronome e aggettivo indefinito invariabile; preceduto dall'articolo neutro, traduce le espressioni italiane "il resto", "il rimanente"

Otro/a/os/as, Altro: è aggettivo e pronome; non si può anteporgli l'articolo indeterminativo, ma eventualmente solo quello determinativo.

Igual/es, semejante/es, Uguale: come aggettivi rifiutano l'articolo indeterminativo

Mismo/a/os/as, Stesso: è aggettivo e pronome; dopo un sostantivo ha un valore enfatico.

Propio/a/os/as, Stesso: ha un valore enfatico ed equivale a mismo.

Tal/es, Tale: è aggettivo e pronome; se preceduto da un articolo indeterminativo e seguito da un nome di persona corrisponde all'italiano "un tale", "un certo".

Cada, Ogni: è aggettivo invariabile, con senso distributivo o di regolare successione

Cada uno/a e cada cual, Ognuno/a: sono pronomi indefiniti invariabili.

Cualquiera/cualesquiera, Qualsiasi: è aggettivo e pronome; come aggettivo, davanti ai sostantivi singolari si apocopa in cualquier.

Quienquiera que, Chiunque: è un pronome esclusivamente riferito a persona.

Todo/a/os/as: è aggettivo e pronome. quando *todo* neutro funziona come complemento oggetto, normalmente vuole l'articolo determinativo neutro *lo*. quando *todo* precede direttamente il sostantivo, equivale a *cualquiera*. *todo* + aggettivo equivale a *muy* nella lingua parlata. *todo un, toda una* significa "autentico", "completo".

Unos cuantos/unas cuantas: indicano un numero ridotto di persone o cose ed equivalgono a *algunos / as*.

. . .

Aggettivi e pronomi interrogativi ed esclamativi

Gli aggettivi e i pronomi interrogativi, nelle interrogative dirette o indirette, ed esclamativi vanno sempre accentati graficamente.

Gli Interrogativi

¿Qué?: è invariabile; corrisponde all'italiano "che", "quale", "che cosa" e ha la funzione di: pronome neutro, riferito sempre a cose; equivale a *¿qué cosa?;* aggettivo, riferito tanto a persone quanto a cose.

¿Quién?/¿quiénes?: è solo pronome e si riferisce sempre a persone; corrisponde all'italiano "chi".

¿Cuánto?/¿cuánta?/¿cuántos?/¿cuántas?: esprime sempre la quantità e ha funzione sia di aggettivo sia di pronome.

¿Cuál?/¿cuáles?: può riferirsi sia a persone sia a cose e ha funzione di pronome; corrisponde all'italiano "quale/i".

Gli esclamativi - exclamaciones

¡Qué!: ha sempre funzione di aggettivo e assume diversi valori secondo le diverse situazioni e la particolare intonazione.

¡Quién!: si usa con il congiuntivo in terza

persona per esprimere un grande desiderio(con il verbo al congiuntivo imperfetto), un rimpianto (con il congiuntivo trapassato o il condizionale passato).

¡Cuánto!: si usa quando ha il valore di mucho (ed è riferito quindi a verbi, sostantivi e comparativi).

5
______

I PRONOMI - PRONOMBRES

Pronomi personali soggetto - pronombres personales del sujeto

yo = io, tú = tu, él/ella/ello/Usted = lui/lei / ciò/lei, nosotros/nosotras = noi, vosotros/vosotras = voi, ellos/ellas/ustedes = essi/esse/loro

Ello: forma neutra del pronome di terza persona equivalente in italiano a "ciò", si usa come soggetto solo quando ci si riferisce a qualcosa di cui si è già parlato.

Usted (Ud.), ustedes (Uds.): queste forme vengono usate nelle espressioni di cortesia e nella corrispondenza commerciale in luogo del "Lei", "Loro" e "Voi" italiano.

Nosotros/as, vosotros/as: seguiti da un numero, vengono sostituiti dal corrispondente articolo determinativo. Quando precedono un nome che indichi sesso, nazionalità o professione, sono seguiti dall'articolo determinativo plurale corrispondente, che può anche sostituire il pronome.

Pronomi complemento - pronombres de complemento

Forme atone

Diretto: *Me, Te, Lo/La, Nos, Os, Los/Las;*
Forma riflessiva: *Me, Te, Se, Nos, Os, Se*;
Indiretto: *Me, Te*, *Le*, *Nos*, *Os*, *Les*.

le forme atone sopra riportate si usano senza preposizione e in genere precedono il verbo. Tuttavia in alcuni casi, ovvero quando il verbo è all'infinito, al gerundio o all'imperativo non lo precedono bensì lo seguono.

Forme toniche

mí = me/mi, **ti** = te/ti, **él/ella/ello/usted/sí** = lo/lei, la/ciò/Lei, La/sé, **nosotros/as** = noi/ci, **vosotros/as**= voi/vi, **ellos/ellas/ustedes/sí** = loro/sé.

A differenza delle forme atone, le forme toniche sono sempre preceduto dalla preposizione.

Pronomi relativi - pronombres relativos

I pronomi relativi possono essere semplici: *cuanto / a / os / as /o, cuyo / a / os / as, que, quien / quienes*; o composti: *el cual / la cual / lo cual / los cuales / las cuales, el que / la que / lo que / los que / las que*.

I pronomi relativi semplici:

Cuanto/a/os/as/o: ha forma femminile, plurale e neutra.

Cuyo/a/os/as: indica sempre una relazione di possesso, non vuole l'articolo determinativo e concorda in genere e numero con il nome a cui si riferisce.

Que: è un pronome invariabile; si riferisce tanto a cosa quanto a persona. introduce proposizioni limitative ed esplicative: in quest'ultimo caso può essere sostituito da *el cual*. Viene usato come soggetto o complemento diretto, ma mai come complemento indiretto, in questo caso è sostituito *da quien* o da *al que*. Normalmente si usa senza preposizioni, ma può seguire le preposizioni a, con, de, en, por unicamente in proposizioni determinative.

Quien/quienes: si riferisce sempre a persona, mai a cosa; non è mai preceduto da articolo.

.   .   .

I pronomi relativi composti:

El cual: ha femminile (la cual),plurale (los cuales, las cuales) e neutro (lo cual), e ha sempre un valore esplicativo. È preferibile usare el cual al posto di que quando quest'ultimo: è preceduto da un avverbio o una preposizione, ha un valore esplicativo.

El que: presenta variazioni di genere (la que, lo que), il plurale (los que, las que) e si usa con riferimento tanto a persone quanto a cose.

Pronomi dimostrativi - pronombres demostrativos

Singolare Maschile: *éste* (questo), *ése* (codesto), *aquél* (quello).

Singolare Femminile: *ésta* (questa), *ésa* (codesta), *aquella* (quella).

Plurale Maschile: *éstos* (questi), *ésos* (codesti), *aquellos* (quelli).

Plurale Femminile: *éstas* (queste), *ésas* (codeste), *aquellas* (quelle).

Neutro: **esto** (questo), *eso* (codesto), *aquello* (quello).

I pronomi dimostrativi hanno le stesse forme degli aggettivi dimostrativi ma presentano le vocali toniche accentate. L'uso del pronome dimostrativo in spagnolo corrisponde a quello italiano

Il pronome dimostrativo presenta anche una forma neutra, priva di accento grafico, che corrisponde all'italiano "ciò".

I pronomi dimostrativi italiani quello, colui e ciò, seguiti da che, di o aggettivo, vengono tradotti in spagnolo con l'articolo determinativo seguito da que, de o aggettivo.

Pronomi Possessivi - pronombres posesivos

Singolare Maschile: **el mío** (il mio), **el tuyo** (il tuo), **el suyo** (il suo), **el nuestro** (il nostro), **el vuestro** (il vostro), **el suyo** (il loro).

Singolare Femminile: **la mía** (la mia), **la tuya** (la tua), **la suya** (la sua), **la nuestra** (la nostra), **la vuestra** (la vostra), **la suya** (la loro).

Plurale Maschile: **los míos** (i miei), **los tuyos** (i tuoi), **los suyos** (i suoi), **los nuestros** (i nostri), **los vuestros** (i vostri), **los suyos** (i loro).

Plurale Femminile: **las mías** (le mie), **las tuyas** (le tue), **las suyas** (le sue), **las nuestras** (le nostre), **las vuestras** (le vostre), **las suyas** (le loro).

Sostituiscono il nomee stabiliscono un rapporto di

possesso. Sono preceduti dall'articolo determinativo neutro *lo* quando significano "ciò che è mio (tuo, suo, ecc.)", "ciò che mi riguarda".

6

AVVERBI - ADVERBIOS

L'avverbio qualifica, completa e determina il significato del verbo, dell'aggettivo, di un sostantivo o di frasi intere; nei tempi composti non può mai essere introdotto tra il verbo e il participio passato.

Esistono avverbi semplici e locuzioni avverbiali, costituite da varie parole donde (dove), allá arriba (lassù) Esistono alcuni aggettivi che sono usati come avverbi, e vi sono avverbi impiegati come sostantivi.

Da un aggettivo o participio si può formare l'avverbio aggiungendo il suffisso -mente al femminile.

Avverbi di Luogo - adverbios de lugar

donde dove

    aquí / ahí / allí qui / lì / là

encima / debajo su, sopra / sotto

arriba / abajo su, in alto, sopra / giù, di sotto, sotto

delante davanti

detrásdietro

adelante / atrás innanzi

dentro / fuera dentro / fuori

cerca / lejos vicino / lontano

alrededor intorno

aparte a parte

Locuzioni avverbiali di luogo

Aquí, ahí, allí, allá

Esprimono l'idea di vicinanza o lontananza rispetto alla persona che parla

aquí = en este lugar (in questo luogo)

ahí = en ese lugar (in codesto luogo)

allí/allá = en aquel lugar (in quel luogo)

Encima

Indica una posizione superiore rispetto a un'altra e corrisponde all'italiano "su, sopra"

può significare además (inoltre)

unito alla preposizione por può avere il senso figurato di "in modo superficiale" nella lingua parlata, con il verbo estar, vuol dire "controllare qualcuno in modo opprimente"

può avere anche il significato di "portare con sé qualcosa", generalmente con il verbo llevar.

Debajo

Indica una posizione inferiore rispetto a un'altra, corrisponde all'italiano "sotto" e si contrappone a encima.

Arriba

Indica posizione superiore e corrisponde all'italiano "su, sopra".

Abajo

Indica una posizione inferiore e corrisponde all'italiano "giù, sotto".

Adelante

Indica movimento, corrisponde all'italiano "avanti" e si contrappone ad atrás (indietro).

Nella lingua colloquiale indica l'invito a entrare.

. . .

Atrás

Indica movimento e corrisponde all'italiano "indietro"

Può anche essere avverbio di tempo, con il significato di "fa, addietro"

Dentro

Indica la parte interna di uno spazio, corrisponde all'italiano "dentro" e si contrappone a fuera

Fuera

Indica la parte esterna di uno spazio e corrisponde all'italiano "fuori"

Cerca

Indica prossimità, corrisponde all'italiano "vicino" e si contrappone a lejos

Lejos

Indica grande distanza e corrisponde all'italiano "lontano"

Alrededor

Ha il significato di "attorno, intorno"

Aparte

Ha il significato di "da un'altra parte".

Avverbi di tempo - adverbios de tiempo

ahora adesso

antes / primero / después / luego

prima / per prima cosa / dopo / poi

siempre / nunca / jamás sempre / mai / giammai

tarde / temprano / pronto tardi / presto

hoy / mañanaoggi/ domani

ayer / anteayer ieri /l'altro ieri

aún / todavía ancora

ya già

Locuzioni avverbiali di tempo

Antes, primero

Corrispondono entrambi all'italiano "prima", ma antes è riferito al tempo, mentre primero indica prece-

denza e può essere tradotto con "prima di tutto".
Indica anteriorità nello spazio e nel tempo e si
contrappone a *después*

Después

Indica posteriorità indeterminata ("poi, dopo")
nello spazio e nel tempo

Luego

Indica una posteriorità più ravvicinata rispetto a
después

Nunca

Posto dopo il verbo richiede la negazione; non la
esige se posto davanti al verbo

Può precedere immediatamente *jamás*, dando
maggior vigore alla negazione

Jamás

Posto dopo il verbo esige la negazione; non la
esige se posto davanti al verbo

Pronto, temprano

Pronto indica rapidità, immediatezza; anche temprano può essere tradotto con "presto", ma ha il significato di "al mattino presto"

Aún, todavía

Equivalgono all'avverbio italiano "ancora"

Ya

Indica che l'azione del verbo è stata già realizzata; corrisponde all'italiano "già, ormai".

Nelle frasi negative si traduce con "più".

Avverbi di quantità - adverbios de calidad

Muy / mucho molto

Algo / poco / medio un po' / poco / mezzo

Todo / nada tutto / nulla

Demasiado / bastante troppo / abbastanza

Más / menos più / meno

Además / incluso / también

Oltre / addirittura / anche

tan, tanto tanto, così

Locuzioni avverbiali di quantità

Muy

Significa "molto" e si usa davanti ad aggettivi, participi e avverbi.

Mucho

Anche mucho si traduce con "molto" ma, a differenza di muy, si usa con i verbi(eccetto i participi) e con i comparativi.

Tan, tanto

Tan si usa davanti ad aggettivi (tranne i comparativi), participi e avverbi.

Tanto si usa dopo un verbo e davanti ai comparativi.

Más

Come avverbio ha l'accento per distinguerlo dalla congiunzione mas (ma); ha il significato di "altro, ancora, più".

Avverbi di modo - adverbios de modo

así così

    casi quasi

    bien / mal bene / male

    despacio / deprisa lentamente / in fretta

    como come

7

PREPOSIZIONI - PREPOSICIONES

La preposizione è una parte invariabile del discorso che esprime relazione tra due termini Le preposizioni possono essere semplici o composte(improprie).

Preposizioni Semplici

A

Si usa: con un verbo di movimento per esprimere moto a luogo; davanti al complemento oggetto riferito a persona, animale o cosa personificata; davanti al complemento indiretto

Può indicare: stato in luogo o moto a luogo, distanza, tempo, prezzo, modo di fare una cosa, causa o fine, ordine, stile, strumento.

AnteDavanti

Traduce l'italiano "davanti" nel senso di "alla presenza di". Può avere il senso di respecto a (riguardo a). Può esprimere precedenza

BajoSotto

Traduce l'italiano "sotto" sia in senso letterale che figurato.

ConCon

In genere corrisponde all'italiano "con" e si adopera per esprimere: compagnia, mezzo o strumento, modo.

ContraContro

Esprime contrarietà o opposizione.

DeDi

Esprime: possesso o appartenenza, origine o provenienza, materia o qualità, causa, modo, tempo, contenuto, natura, condizione o qualità di persone o cose.

DesdeDa

Indica un punto di partenza temporale o spaziale, corrisponde all'italiano "da" e ha come correlativo hasta

EnIn

Può avere diverse traduzioni in italiano, ma nel suo uso più frequente corrisponde a "in". Si usa per esprimere: stato in luogo, parte interna di un luogo, tempo, mezzo, prezzo, modo. Accompagna alcuni verbi: *pensar en* (pensare a), *confiar en* (fidarsi di), *quedar en* (rimanere d'accordo su), *tardar en* (impiegarci molto a), *fijarse en* (fare attenzione a).

EntreTra

Corrisponde all'italiano "tra", "fra". Esprime: stato in luogo con riferimento adueo più persone o cose, cooperazione di due o più persone o cose.

HaciaVerso

Corrisponde all'italiano "verso" e indica la direzione e l'approssimazione temporale

. . .

HastaFino

Corrisponde all'italiano "fino" e indica un termine riferito a tempo, azione, numero o luogo

ParaPer

Traduce l'italiano "per" quando indica: moto a luogo, scopo o intenzione, destinazione di cose, tempo: scadenza e momento preciso, uso e destinazione, opinione, uso concessivo, prossimità di un evento.

PorPer, Da, Con

Traduce l'italiano "per", "da", "con", "a" quando esprime: moto attraverso luogo, complemento di agente, mezzo o strumento, causa, motivo, tempo indeterminato o parte del giorno, prezzo o quantità, cambio o permuta, favore, vantaggio, difesa, vece, equivalenza, opinione o stima, scopo, modo, necessità, scambio, unità di misura, limitazione.

SegúnSecondo

Traduce l'italiano "secondo", "in conformità a".

. . .

SinSenza

Esprime privazione o mancanza e traduce l'italiano "senza".

SobreSu

Corrisponde all'italiano "su", "sopra" e indica: posizione superiore in senso fisico e figurato, argomento, approssimazione riferita a tempo o quantità; traduce l'italiano "più o meno", "circa".

TrasDietro

Introduce un complemento di tempo o di luogo e traduce l'italiano "dietro", "dopo", "oltre a".

Proposizioni Composte

además de oltre a

    antes de prima di

    al lado de accanto a

    a pesar de malgrado

    alrededor de intorno a

    cerca de vicino a

    con respecto a riguardo a

    encima de sopra a

    de acuerdo con d'accordo con

    en cuanto a in quanto a

debajo de sotto a

enfrente de di fronte a

delante de davanti a

frente a di fronte a

dentro de in, dentro

fuera de fuori da

después de dopo di

junto a vicino a

detrás de dietro a

lejos de lontano da

8

───

CONGIUNZIONI - CONJUNCIONES

La congiunzione è una parte invariabile del discorso che unisce due termini di una stessa proposizione o due proposizioni rafforzandone la relazione. In spagnolo le congiunzioni sono di due tipi: coordinanti e subordinanti

Congiunzioni Coordinanti

Le principali congiunzioni e locuzioni coordinanti sono le seguenti:

Y (e), que

Sono congiunzioni copulative. *Y* corrisponde all'italiano "e"; *que* corrisponde all'italiano "che", "di": si usa tra due verbi e con valore rafforzativo.

Ni

Unisce elementi negativi; corrisponde all'italiano "né".

O (u), o ... o

Significano "o", "oppure", "o ... o". Indicano una opzione tra due o diverse possibilità, come anche *bien ... bien, cual ... cual, ora ... ora, que ... que, sea ... sea, tal ... tal, uno ... otro, ya ... ya,* tutti traducibili con "sia ... sia", "ora ... ora".

Pero

Corrisponde all'italiano "ma" e indica contrapposizione tra i termini che pone in relazione, come anche *antes* (anzi), *antes bien* (piuttosto), *a pesar de* (malgrado), *aunque* (benché, anche se), *con todo* (ciononostante), *más* (ma), *más bien* (piuttosto), *si bien* (sebbene), *sin embargo* (tuttavia), *sino* (se non, bensì).

Pues

Corrisponde all'italiano "dunque", "quindi", "poiché", "visto che". Indica conseguenza o causa,come anche *así pues* (cosicché), *así que* (cosicché), *conque*

(dunque), *es decir* (cioè), *esto es* (vale a dire), *luego*
(quindi), *o sea* (ossia), *por esto* (per questo), *por lo
tanto* (pertanto), *por consiguiente* (di conseguenza).

Congiunzioni Subordinanti

Possono indicare:

Anteriorità:

antes de

que prima che

hasta que fino a quando

primero que prima che

Posteriorità:

apenas appena

desde que da quando

después de

que dopo che

en cuanto non appena

luego que appena

nada más appena

tan pronto como appena

una vez que una volta che

. . .

Simultaneità:

    a medida que man mano che

    al tiempo que mentre

    cuando quando

    en tanto que finché

    mientras (que) mentre

Ripetizione:

    cada vez que ogni volta che

    siempre que tutte le volte che

    todas las veces que tutte le volte che

Inizio e termine dell'azione:

    desde que da quando

    hasta que fino a quando

Causali

    A fuerza de a forza di

    como siccome

    dado que dato che

    debido a que a causa di

    en vista de que in vista di

    por miedo a que per paura di

porque perché

pues poiché

puesto que dato che

que che/perché

ya que dato che

Consecutive

De manera que di modo che, perciò

de modo que di modo che

de tal modo que di modo che

tanto que tanto che

tan que tanto che

Condizionali

A condición de quea condizione che

a menos que a meno che

a no ser que a meno che

como si come se

con tal (de) que purché

en caso de que nel caso in cui

no sea que caso mai

salvo que salvo che

si se

siempre que ammesso che

Finali

A fin de que affinché

a que perché

con objeto de que perché

para que perché

Concessive

A pesar de que malgrado

así anche se

aun cuando anche se

aunque sebbene, benché

bien que benché

por más que per quanto

por mucho que per quanto

si bien sebbene

y eso que benché

Comparative

Así così

así como così come

como come

tal como così come

· · ·

Modali

Como come

conforme secondo

cual come

cuanto quanto

de manera que in maniera taleche

de modo que in modo tale che

según secondo

Interiezioni

Le interiezioni esprimono con immediatezza stati d'animo, sentimenti, incitamenti, reazioni. Si scrivono sempre tra punti esclamativi ¡ ! Sono di due tipi: interiezioni proprie e interiezioni improprie.

¡abajo!abbasso!: indica disapprovazione.

¡adelante!avanti!: si usa per consentire l'entrata, per incoraggiare a parlare, per incitare.

¡Ah!, ¡eh!, ¡oh!ah!: esprimono sorpresa, ammirazione o pena; ¡eh! serve anche per richiamare l'attenzione.

¡Ahí va!: indica sorpresa e stupore.

¡Alabado sea Dios!: esprime sollievo, sorpresa o stupore.

¡Anda!: esprime ammirazione o sorpresa.

¡ánimo!animo!: si usa per incitare.

¡arriba!¡evviva!: incita all'esaltazione.

¡ay, que vida tan dura!ahi, che vita dura!

¡ay!ahi!: indica afflizione, dolore o sussulto.

¡Atrás!: si adopera per fermare qualcuno

¡Auxilio! ¡socorro!: serve per chiedere aiuto di fronte a un pericolo.

¡Ay, sí!: esprime illusione, gioia.

¡bah!bah!: indica incredulità o sdegno.

¡Basta!: si usa per mettere fine a un'azione o a una discussione.

¡Bravo! ¡olé! ¡viva!: esprimono entusiasmo, incoraggiamento.

¡caramba! ¡qué guapa estás!caspita, come sei bella!; ¡caramba!caspita!: esprime contrarietà o sorpresa.

¡Cataplum!: indica rumore, esplosione o colpo.

¡Chitón!: impone silenzio.

¡Dios mío!: esprime ammirazione, stupore, dolore o spavento.

¡hale!su!: si adopera per incoraggiare o per incitare a sbrigarsi.

¡Hijo!: indica protesta, ammirazione.

¡Hola!: è un saluto familiare.

¡Huy!: indica un forte dolore fisico oppure stupore o ammirazione.

¡hombre!perbacco!: indica sorpresa o stupore;
¡hombre! ¡qué osadía! perbacco, che sfacciataggine!

¡Jesús!: indica ammirazione, dolore, spavento o pena.

¡olé!bravo!

¡uf, que calor!uff, che caldo!

¡Ojo!: si adopera per incitare a fare attenzione o per avvertire d'un pericolo.

¡Por Dios!: indica stupore o protesta.

¡Toma ya!: indica stupore o sorpresa.

¡Vale!: esprime accordo.

¡Vaya!: indica stupore, sgradevolezza, delusione.

¡Vaya por Dios!, ¡válgame Dios!: indicano pazienza e rassegnazione.

¡Venga!: si adopera per chiedere.

¡Y dale!: indica pazienza di fronte ad una azione rinnovata.

¡uf!uff!

¡Zas!: indica onomatopeicamente un colpo.

9

VERBI AUSILIARI - VERBOS AUXILIARES

I verbi ausiliari italiani avere ed essere vengono tradotti in spagnolo ognuno con due verbi diversi avere haber, tener

In spagnolo ci sono quattro verbi ausiliari o meglio due ausiliari e due semiausiliari e sono: ser (essere), estar (stare), haber (avere), tener (tenere).

Il verbo haber

Il verbo haber è l'ausiliare che consente di formare i tempi composti della coniugazione attiva. Tra l'ausiliare e il participio passato del verbo coniugato, non si può introdurre nessun altro elemento: sono inseparabili. Il participio passato coniugato con il verbo haber è invariabile. Il verbo haber è anche un verbo impersonale, che corrisponde all'italiano "c'è", "ci sono"; si usa nei diversi modi e tempi ma solo alla 3a persona singolare (mentre in italiano esiste anche la forma della 3a persona plurale). La costruzione haber que indica l'obbligo impersonale (bisogna, si deve, occorre) in terza persona singolare.

Indicativo Presente

Heho

Hashai

Haha

Hemosabbiamo

Habéisavete

Hanhanno

Pretérito Imperfecto - Imperfetto

Habíaavevo

Habíasavevi

Habíaaveva

Habíamosavevamo

Habíaisavevate

Habíanavevano

Pretérito Indefinido - Passato Remoto

Hubeebbi

Hubisteavesti

Huboebbe

Hubimosavemmo

Hubisteisaveste

Hubieronebbero

Futuro Imperfecto - Futuro semplice

Habréavrò

Habrásavrai

Habráavrà

Habremosavremo

Habréisavrete

Habránavranno

Pretérito Perfecto - Passato Prossimo

He habidoho avuto

Has habidohai avuto

Ha habidoha avuto

Hemos habidoabbiamo avuto

Habéis habidoavete avuto

Han habidohanno avuto

Pretérito   Pluscuamperfecto   -   Trapassato Prossimo

Había habidoavevo avuto

Habías habidoavevi avuto

Había habidoaveva avuto

Habíamos habidoavevamo avuto

Habíais habidoavevate avuto

Habían habidoavevano avuto

Pretérito Anterior - Trapassato Remoto

Hube habidoebbi avuto

Hubiste habidoavesti avuto

Hubo habidoebbe avuto

Hubimos habidoavemmo avuto

Hubisteis habidoaveste avuto

Hubieron habidoebbero avuto

Futuro Perfecto - Futuro Anteriore

Habré habidoavrò avuto

Habrás habidoavrai avuto

Habráhabidoavrà avuto

Habremos habidoavremo avuto

Habréis habidoavrete avuto

Habrán habidoavranno avuto

Subjuntivo - Congiuntivo Presente

Hayaabbia

Hayasabbia

Hayaabbia

Hayamosabbiamo

Hayáisabbiate

Hayanabbiano

Pretérito Imperfecto - Imperfetto Forma 1

Hubieraavessi

Hubierasavessi

Hubieraavesse

Hubiéramosavessimo

Hubieraisaveste

Hubieranavessero

Pretérito Imperfecto - Imperfetto Forma 2

Hubieseavessi

Hubiesesavessi

Hubieseavesse

Hubiésemosavessimo

Hubieseisaveste

Hubiesenavessero

Pretérito Pretérito - Passato

Haya habidoabbia avuto

Hayas habido-abbia avuto

Haya habido-abbia avuto

Hayamos habido-abbiamo avuto

Hayáis habido-abbiate avuto

Hayan habido-abbiano avuto

Pretérito Pluscuamperfecto – Trapassato Forma 1

Hubiera habido-avessi avuto

Hubieras habido-avessi avuto

Hubiera habido-avesse avuto

Hubiéramos habido-avessimo avuto

Hubierais habido-aveste avuto

Hubieran habido-avessero avuto

Pretérito Pluscuamperfecto - Trapassato - Forma 2

Hubiese habido-avessi avuto

Hubieses habido-avessi avuto

Hubiese habido-avesse avuto

Hubiésemos habido-avessimo avuto

Hubieseis habido-aveste avuto

Hubiesen habido-avessero avuto

Condicional Simple - Condizionale Presente

Habríaavrei

Habríasavresti

Habríaavrebbe

Habríamosavremmo

Habríaisavreste

Habríanavrebbero

Condicional Perfecto - Condizionale Passato

Habría habidoavrei avuto

Habrías habidoavresti avuto

Habría habidoavrebbe avuto

Habríamos habidoavremmo avuto

Habríais habidoavreste avuto

Habrían habidoavrebbero avuto

Imperativo Afirmativo - Imperativo Affermativo

Heabbi

Hayaabbia

Hayamosabbiamo

Habedabbiate

Hayanabbiano

Imperativo Negativo

No henon abbi

No hayanon abbia

No hayamosnon abbiamo

No habed/non abbiate

No hayan/non abbiano

Infinito Semplice

Haber avere

Composto

Haber habido/avere avuto

Gerundio Semplice

Habiendo avendo

Gerundio Composto

Habiendo habido avendo avuto

Participio passato

Habido/avuto

Verbo Tener

Traduce il verbo avere italiano quando ha il senso di "possedere"

. . .

Indicativo Presente

Tengoho

Tieneshai

Tieneha

Tenemosabbiamo

Tenéisavete

Tienenhanno

Pretérito Imperfecto - Imperfetto

Teníaavevo

Teníasavevi

Teníaaveva

Teníamosavevamo

Teníaisavevate

Teníanavevano

Pretérito Indefinido - Passato Remoto

Tuveebbi

Tuvisteavesti

Tuvoebbe

Tuvimosavemmo

Tuvisteisaveste

Tuvieronebbero

. . .

Futuro Imperfecto - Futuro semplice

Tundréavrò

Tundrásavrai

Tundráavrà

Tundremosavremo

Tundréisavrete

Tundránavranno

Pretérito Perfecto - Passato Prossimo

He tenidoho avuto

Has tenidohai avuto

Ha tenidoha avuto

Hemos tenidoabbiamo avuto

Habéis tenidoavete avuto

Han tenidohanno avuto

Pretérito Pluscuamperfecto - Trapassato Prossimo

Había tenidoavevo avuto

Habías tenidoavevi avuto

Había tenidoaveva avuto

Habíamos tenidoavevamo avuto

Habíais tenidoavevate avuto

Habían tenidoavevano avuto

· · ·

Pretérito Anterior - Trapassato Remoto

Hube tenidoebbi avuto

Hubiste tenidoavesti avuto

Hubo tenidoebbe avuto

Hubimos tenidoavemmo avuto

Hubisteis tenidoaveste avuto

Hubieron tenidoebbero avuto

Futuro Perfecto - Futuro Anteriore

Habré tenidoavrò avuto

Habrás tenidoavrai avuto

Habrátenidoavrà avuto

Habremos tenidoavremo avuto

Habréis tenidoavrete avuto

Habrán tenidoavranno avuto

Subjuntivo - Congiuntivo Presente

Tengaabbia

Tengasabbia

Tengaabbia

Tengamosabbiamo

Tengáisabbiate

Tenganabbiano

. . .

Pretérito Imperfecto - Imperfetto Forma 1

Tuvieraavessi

Tuvierasavessi

Tuvieraavesse

Tuviéramosavessimo

Tuvieraisaveste

Tuvieranavessero

Pretérito Imperfecto - Imperfetto Forma 2

Tuvieseavessi

Tuviesesavessi

Tuvieseavesse

Tuviésemosavessimo

Tuvieseisaveste

Tuviesenavessero

Pretérito Pretérito - Passato

Haya tenidoabbia avuto

Hayas tenidoabbia avuto

Haya tenidoabbia avuto

Hayamos tenidoabbiamo avuto

Hayáis tenidoabbiate avuto

Hayan tenidoabbiano avuto

. . .

Pretérito Pluscuamperfecto – Trapassato Forma 1

Hubiera tenidoavessi avuto

Hubieras tenidoavessi avuto

Hubiera tenidoavesse avuto

Hubiéramos tenidoavessimo avuto

Hubierais tenidoaveste avuto

Hubieran tenidoavessero avuto

Pretérito Pluscuamperfecto - Trapassato Forma 2

Hubiese tenidoavessi avuto

Hubieses tenidoavessi avuto

Hubiese tenidoavesse avuto

Hubiésemos tenidoavessimo avuto

Hubieseis tenidoaveste avuto

Hubiesen tenidoavessero avuto

Condicional Simple - Condizionale Presente

Tendríaavrei

Tendríasavresti

Tendríaavrebbe

Tendríamosavremmo

Tendríaisavreste

Tendríanavrebbero

Condicional Perfecto - Passato

Habría tenidoavrei avuto

Habrías tenidoavresti avuto

Habría tenidoavrebbe avuto

Habríamos tenidoavremmo avuto

Habríais tenidoavreste avuto

Habrían tenidoavrebbero avuto

Imperativo Afirmativo - Affermativo

Tenabbi

Tengaabbia

Tengamosabbiamo

Tenedabbiate

Tenganabbiano

Imperativo Negativo

No tennon abbi

No tenganon abbia

No tengamosnon abbiamo

No tenednon abbiate

No tengannon abbiano

Infinito Semplice

Tener avere

Infinito Composto

Haber tenidoavere avuto

Gerundio Semplice

Teniendo avendo

Gerundio Composto

Habiendo tenido avendo avuto

Participio passato

Tenidoavuto

Verbo Ser

Il verbo ser è l'ausiliare della coniugazione passiva e il participio passato del verbo coniugato concorda con ciò a cui si riferisce. Quando ser è copulativo si utilizza per indicare la proprietà, l'appartenenza o il destinatario, per indicare l'origine o provenienza, per indicare la materia della quale è fatta qualche cosa, per indicare la professione. quando il predicato è un sostantivo, un pronome, un infinito, un aggettivo qualificativo, con un numerale cardinale che indichi un numero totale o con un numerale ordinale sempre che implichi definizione. Quando ser non è copulativo ha il significato di: "esistere", "accadere", "avere luogo".

Indicativo Presente

Soysono

Eressei

Es è

Somossiamo

Soisiete

Sonsono

Pretérito Imperfecto - Imperfetto

Eraero

Eraseri

Eraera

Éramoseravamo

Eraiseravate

Eranerano

Pretérito Indefinito - Passato remoto

Fuifui

Fuiste fosti

Fue fu

Fuimos fummo

Fuistes foste

Fueronfurono

Futuro Imperfecto - Passato remoto

Serésarò

Serássarai

Serásarà

Seremos saremo

Seréissarete

Seránsaranno

Pretérito Perfecto - Passato Prossimo

He sidosono stato

Has sidosei stato

Ha sidoè stato

Hemos sidosiamo stati

Habéis sidosiete stati

Han sidosono stati

Pretérito Pluscuaramperfecto - Trapassato Prossimo

Habiá sidoero stato

Habiás sidoeri stato

Habiá sidoera stato

Habiámos sidoeravamo stati

Habiásis sidoeravate stati

Habián sidoerano stati

Pretérito Anterior - Trapassato Remoto

Hube sido fui stato

Hubiste sidofosti stato

Hubo sidofu stato

Hubimos sidofummo stati

Hubisteis sidofoste stati

Hubieron sidofurono stati

Futuro perfecto - Futuro Anteriore

Habré sido sarò stato

Habrás sidosarai stato

Habrá sidosarà stato

Habremos sidosaremo stati

Habréis sidosarete stati

Habrán sidosaranno stati

Subjuntivo presente – Congiuntivo Presente

Seasia

Seassia

Seasia

Seamossiamo

Seáissiate

Seansiano

Pretérito Imperfecto - Imperfetto Forma 1

Fuera fossi

Fuerasfossi

Fuerafosse

Fuéramosfossimo

Fueraisfoste

Fueranfossero

Pretérito Imperfecto - Imperfetto Forma 2

Fusefossi

Fuesesfossi

Fusefosse

Fuésemosfossimo

Fueseisfoste

Fuesenfossero

. . .

Pretérito Perfecto - Passato

Haya sidosia stato

Hayas sidosia stato

Haya sidosia stato

Hayamos sidosiamo stati

Hayáis sidosiate stati

Hayan sidosiano stati

Pretérito Pluscuamperfecto - Trapassato Forma 1

Hubiera sidofossi stato

hubieras sidofossi stato

hubiera sidofosse stato

hubiéramos sidofossimo stati

hubierais sidofostestati

hubieran sidofossero stati

Pretérito Pluscuamperfecto - Trapassato Forma 2

hubiese sidofossi stato

hubieses sidofossi stato

hubiese sidofosse stato

hubiésemos sidofossimo stati

hubieseis sidofoste stati

hubiesen sidofossero stati

. . .

Condicional Simple - Condizionale Presente

Seríasarei

Seríassaresti

Seríasarebbe

Seríamossaremmo

Seríaissareste

Seríansarebbero

Condicional Perfecto - Passato

Habría sidoSarei stato

Habrías sidosaresti stato

Habría sidosarebbe stato

Habríamos sidosaremmo stati

Habríais sidosareste stati

Habrían sidosarebbero stati

Imperativo Afirmativo - Affermativo

Sésii

Seasia

Seamossiamo

Sedsiate

Seansiamo

. . .

Imperativo Negativo

No seas / non essere

No sea / non sia

No seamos / non siamo

No seáis / non siate

No sean / non siano

Infinito Semplice

ser essere

Infinito Composto

haber sido essere stato

Gerundio Semplice

siendo essendo

Gerundio Composto

habiendo sido essendo stato

Participio passato

sido stato

Verbo Estar

Quando estar è copulativo e si adopera davanti a un gerundio o all'equivalente di un gerundio per indicare lo stato d'animo o lo stato di salute, per indicare una opinione, intenzione o per esprimere un giudizio soggettivo, per indicare la finalità, l'incompiutezza di qualcosa o per evidenziare il risultato d'una azione, per indicare il prezzo o la temperatura, per indicare la data, il giorno della settimana, la stagione.

Indicativo Presente

Estoysono

Estássei

Estáè

Estamossiamo

Estátissiete

Estánsono

Pretérito Imperfecto - Imperfetto

Estabaero

Estabaseri

Estabaera

Estábamoseravamo

Estabaiseravate

Estabanerano

Pretérito Indefinido - Passato Remoto

Estuvefui

Estuvistefosti

Estuvofu

Estuvimosfummo

Estuvisteisfoste

Estuvieronfurono

Futuro Imperfecto - Futuro semplice

Estarésarò

Estarássarai

Estarásarà

Estaremossaremo

Estaréissarete

estaránsaranno

Pretérito Perfecto - Passato Prossimo

He estadosono stato

Has estadosei stato

Ha estadoè stato

Hemos estado siamo stati

Habéis estado siete stati

Han estado sono stati

Pretérito Pluscuamperfecto - Trapassato Prossimo

Había estado ero stato

Habías estado eri stato

Había estado era stato

Habíamos estado eravamo stati

Habías estado eravate stati

Habían estado erano stati

Pretérito Anterior - Trapassato Remoto

Hube estato fui stato

Hubiste estato fosti stato

Hubo estato fu stato

Hubimos estato fummo stati

Hubisteis estato foste stati

Hubieron estato furono stati

Futuro Perfecto - Futuro Anteriore

Habré estado sarò stato

Habrás estado sarai stato

Habrá estadosarà stato

Habremos estadosaremo stati

Habréis estadosarete stati

Habrán estadosaranno stati

Subjuntivo - Congiuntivo Presente

Estésia

Estéssia

Estésia

Estemossiamo

Estéissiate

Eesténsiano

Imperfecto - Imperfetto

Estuviera / estuviese fossi

Estuvieras / estuvieses fossi

Estuviera / estuviese fosse

Estuviéramos / estuviésemos fossimo

Estuvierais / estuvieseis foste

Estuvieran / estuviesenfossero

Pretérito Perfecto - Passato

Haya estadosia stato

Hayas estado/sia stato

Haya estado/sia stato

Hayamos estado/siamo stati

Hayáis estado/siate stati

Hayan estado/siano stati

Pretérito Pluscuamperfecto - Trapassato

Hubiera estado/fossi stato

Hubieras estado/fossi stato

Hubiera estado/fosse stato

Hubiéramos estado/fossimo stati

Hubierais estado/foste stati

Hubieran estado/fossero stati

Condicional Simple - Condizionale Presente

Estaría/sarei

Estarías/saresti

Estaría/sarebbe

Estaríamos/saremmo

Estaríais/sareste

Estarían/sarebbero

Condicional Perfecto - Passato

Habría estado/sarei stato

Habrías estado/saresti stato

Habría estadosarebbe stato

Habríamos estadosaremmo stati

Habríais estadosareste stati

Habrían estadosarebbero stati

Imperativo Afirmativo - Affermativo

Estasii

Estésia

Estemossiamo

Sedsiate

Seansiamo

Imperativo Negativo

No estésnon essere

No esténon sia

No estemosnon siamo

No estéisnon siate

No esténnon siano

Infinito Semplice

Estar essere

Infinito Composto

Haber estadoessere stato

.   .   .

Gerundio Semplice

Estando stando

Gerundio Composto

Habiendo estado essendo stato

Participio passato

Estadostato

10

**VERBI IRREGOLARI - VERBOS
IRREGULARES**

VerboTraduzionePresente Ind.

cabertenere / entrarequepo, *cabes, cabe, cabemos, cabéis caben*

caercadere*caigo, caes, cae, caemos, caéis, caen*

dardare*doy, das, da, damos, dais, dan*

decirdire*digo, dices, dice, decimos, decis, dicen*

estaressere*estoy, estás, está, estamos, estáis, estan*

haberavere*hé, has, ha, hemos, habéis, han*

hacerfare*hago, haces, hace, hacemos, hacéis, hacen*

irandare*voy, vas, va, vamos, vais, van*

oírsentire*oigo, oyes, oye, oímos, oís, oyen*

poderpotere*puedo, puedes, puede, podemos, podéis, pueden*

ponermetter*pongo, pones, pone, ponemos, ponéis, ponen*

querervolere / amare*quiero, quieres, quiere, queremos, queréis, quieren*

sabersapere*sé, sabes, sabe, sabemos, sabéis, saben*

saliruscire*salgo, sales, sale, salimos, salis, salen*

seressere*soy, eres, es, somos, sois, son*

teneravere*tengo, tienes, tiene, tenemos, tenéis, tienen*

traerportare*traigo, traes, trae, traemos, traéis, traen*

valervalere*valgo, vales, vale, valemos, valéis, valen*

venirvenire*vengo, vienes, viene, venimos, venís, vienen*

vervedere*veo, ves, ve, vemos, veis, ven*

I tiempos simples si formano dalla radice del verbo: indicativo presente, imperfetto e passato remoto, congiuntivo presente, imperativo presente, gerundio e participio. Dall'infinito: indicativo futuro e condizionale presente; dalla 3a persona plurale del passato remoto (togliendo la desinenza -ron): congiuntivo imperfetto. Il modo imperativo ha soltanto due forme proprie: la 2a persona singolare, che si forma con la 2a persona dell'indicativo presente togliendo la -s della desinenza; la 2a persona plurale, che si forma sostituendo la -r finale dell'infinito con –d. Le altre forme che si usano per l'imperativo appartengono al presente congiuntivo.

Il futuro de subjuntivo ha due forme: futuro e futuro perfetto; la prima è d'uso letterario e idiomatico, la seconda compare quasi esclusivamente nel linguaggio giuridico.

11

MODI E TEMPI VERBALI - MODOS Y TIEMPOS VERBALES

Indicativo presente

I verbi spagnoli, come in italiano, di dividono in tre coniugazioni: i verbi terminanti in *-ar*, in *-er* ed in *-ir*. Come in italiano, la declinazione è diversa per ognuna delle tre coniugazioni. Vediamo le forme dell'indicativo presente:

-ar -er -ir

-o -o -o

-as -es -es

-a -e -e

-amos -emos -imos

-áis -éis -ís

-an -en -en

Passato Prossimo

Il passato prossimo si forma sempre con l'ausiliare "haber". Il passato prossimo si usa per parlare di un'azione compiuta in un momento ancora relazionato con il presente; per indicare esperienze passate senza specificare il momento preciso in cui sono realizzate.

Participio Presente

Nella pratica, la lingua spagnola ha perso l'uso del participio presente come forma verbale, ed è usato soprattutto in forma aggettivale o come sostantivo, quando è usato segue le stesse regole della nostra lingua per cui non sarà particolarmente complicato memorizzarlo:

-ar -er -ir

-ante -iente

Participio Passato

Il participio passato è invariabile nel genere e nella persona. Se il verbo termina per *-ar*, il participio termina per *-ado* (amar, amado), altrimenti termina per *-ido*.

Imperfetto

L'imperfetto spagnolo, come quello italiano, si usa per descrivere azioni compiute nel passato, per le quali non è rintracciabile precisamente né il momento in cui sono iniziate né la fine.

Nello specifico, viene usato per: parlare di azioni che erano abituali nel passato; per descrivere cose, persone e azioni del passato; per parlare di azioni che si stavano svolgendo mentre ne accadde un'altra specifica, per la quale si userà il passato remoto; come forma di cortesia nel presente.

-ar -er, -ir
-ba -ía
-bas -ías
-ba -ía
-bamos -íamos
-bais -íais
-ban -ían

Trapassato prossimo

Segue le stesse regole del passato prossimo, ma l'ausiliare questa volta è al passato. La sua formazione seguirà quindi lo schema:

HABER + PARTICIPIO PASSATO

In spagnolo non è mai possibile separare l'ausiliario dal participio passato. I due sono sempre collegati, a differenza di ciò che accade in altre lingue, come l'inglese o l'italiano.

Passato remoto

Come per il presente indicativo, diversi verbi al passato remoto presentano delle irregolarità. Esse sono alternanze vocaliche in radice; irregolarità tipiche di alcuni verbi specifici, non ascrivibili a gruppi; cambi ortografici.

-ar -er, -ir

-é -í

-aste -iste

-ó -ió

-amos -imos

-asteis -isteis

-aron -ieron

Futuro

Il futuro indica un evento che, nel momento in cui si parla, deve ancora avvenire o giungere a compimento. In genere viene accompagnato dalle seguenti espressioni temporali: mañana (domani), pasado mañana (dopodomani), la próxima semana (la settimana prossima), el próximo mes/año (il mese/l'anno prossimo) ecc. Per formare il futuro si aggiungono le seguenti desinenze alla forma base del verbo

-ar, -er, -ir

+é

+ás

+á

+emos

+éis

+án

Condizionale

È il modo della possibilità condizionata. Nelle frasi composte indica un'azione che può accadere solo a condizione che se ne verifichi prima un'altra, mentre nelle frasi semplici può esprimere un desiderio, un dubbio o una richiesta cortese. Due sono i tempi del condizionale: uno semplice (Condicional Simple) e uno composto (Condicional Perfecto). Il condizionale presente si forma con l'infinito + desinenza *ía*.

-ar, -er, -ir

+ía

+ías

+ía

+íamos

+íais

+ían

Il condizionale passato si forma con il condizionale presente di haber + participio passato.

Congiuntivo Presente

Se l'indicativo è il modo dell'obiettività edellarealtà, il congiuntivo(Subjuntivo), come in italiano, è il modo della soggettività e, quindi, della possibilità, dell'incertezza, del dubbio e del desiderio. I tempi del congiuntivo sono quattro: due semplici, il Presente e il Pretérito Imperfecto, e due composti, il Pretérito Perfecto e il Pretérito Pluscuamperfecto.

Il congiuntivo presente si forma aggiungendo le desinenze presenti nel seguente schema:

-ar -er, -ir

-e -a

-es -as

-e -a

-emos -amos

-éis -áis

-en -an

Imperativo

Composto soltanto da un tempo, il presente, l'imperativo può esprimere un ordine, un suggerimento, una preghiera, un divieto o un invito. Come in italiano, l'imperativo spagnolo manca della prima persona singolare, poiché è possibile dare ordini o comandi soltanto a chi ci ascolta. Ha forme proprie solo per le seconde persone(tú e vosotros); per la terza singolare e plurale (usted e ustedes) segue le corrispondenti forme del congiuntivo presente. L'imperativo alla forma negativa si forma con l'avverbio no seguito dal congiuntivo presente.

L'imperativo segue le modalità italiane. Si può inoltre notare che la seconda persona singolare dell'imperativo segue l'indicativo presente.

Soggetto -ar -er -ir

tú -a -e -e

vostros -ad -ed -id

12

LE TRE CONIUGAZIONI - CONJUGACIÓN DE LOS VERBOS

Come per l'italiano anche lo spagnolo presenta i verbi divisi in tre coniugazioni:

Prima coniugazione: infinito che termina in -ar: hablar;

Seconda coniugazione: infinito che termina in -er: temer;

Terza coniugazione: infinito che termina in -ir: subir.

Verbo Hablar

Indicativo Presente

    yo hablo

    tú hablas

    él habla

nosotros hablamos

vosotros habláis

ellos hablan

Pretérito perfecto compuesto - Passato prossimo

yo he hablado

tú has hablado

él ha hablado

nosotros hemos hablado

vosotros habéis hablado

ellos han hablado

Pretérito imperfecto - Imperfetto

yo hablaba

tú hablabas

él hablaba

nosotros hablábamos

vosotros hablabais

ellos hablaban

Pretérito pluscuamperfecto - Trapassato prossimo

yo había hablado

tú habías hablado

él había hablado

nosotros habíamos hablado

vosotros habíais hablado

ellos habían hablado

Pretérito perfecto simple - Passato remoto

yo hablé

tú hablaste

él habló

nosotros hablamos

vosotros hablasteis

ellos hablaron

Pretérito anterior - Trapassato remoto

yo hube hablado

tú hubiste hablado

él hubo hablado

nosotros hubimos hablado

vosotros hubisteis hablado

ellos hubieron hablado

Futuro - semplice

yo hablaré

tú hablarás

él hablará

nosotros hablaremos

vosotros hablaréis

ellos hablarán

Futuro perfecto - Futuro anteriore

yo habré hablado

tú habrás hablado

él habrá hablado

nosotros habremos hablado

vosotros habréis hablado

ellos habrán hablado

Condicional - Condizionale Presente

yo hablaría

tú hablarías

él hablaría

nosotros hablaríamos

vosotros hablaríais

ellos hablarían

Condicional perfecto - Condizionale Passato

yo habría hablado

tú habrías hablado

él habría hablado

nosotros habríamos hablado

vosotros habríais hablado

ellos habrían hablado

Subjuntivo – Congiuntivo Presente

yo hable

tú hables

él hable

nosotros hablemos

vosotros habléis

ellos hablen

Pretérito perfecto - Passato

yo haya hablado

tú hayas hablado

él haya hablado

nosotros hayamos hablado

vosotros hayáis hablado

ellos hayan hablado

Pretérito imperfecto 1 - Imperfetto 1

yo hablara

tú hablaras

él hablara

nosotros habláramos

vosotros hablarais

ellos hablaran

Pretérito pluscuamperfecto 1 - Trapassato 1

yo hubiera hablado

tú hubieras hablado

él hubiera hablado

nosotros hubiéramos hablado

vosotros hubierais hablado

ellos hubieran hablado

Pretérito imperfecto 2 - Imperfetto 2

yo hablase

tú hablases

él hablase

nosotros hablásemos

vosotros hablaseis

ellos hablasen

Pretérito pluscuamperfecto 2 - Trapassato 2

yo hubiese hablado

tú hubieses hablado

él hubiese hablado

nosotros hubiésemos hablado

vosotros hubieseis hablado

ellos hubiesen hablado

Futuro semplice

yo hablare

tú hablares

él hablare

nosotros habláremos

vosotros hablareis

ellos hablaren

Futuro perfecto - Futuro anteriore

yo hubiere hablado

tú hubieres hablado

él hubiere hablado

nosotros hubiéremos hablado

vosotros hubiereis hablado

ellos hubieren hablado

Imperativo

-

habla

hable

hablemos

hablad

hablen

Imperativo negativo

-

no hables

no hable

no hablemos

no habléis

no hablen

Infinitivo Simple - Infinito Presente

hablar

Infinto Compuesto – Infinito Passato

haber hablado

Gerundio Simple - Gerundio Presente

hablando

Gerundio Compuesto - Gerundio Passato

habiendo hablado

Participio

Hablado

Verbo Temer

Indicativo Presente
yo temo
tú temes
él teme
nosotros tememos
vosotros teméis
ellos temen

Pretérito perfecto compuesto - Passato prossimo
yo he temido
tú has temido
él ha temido
nosotros hemos temido
vosotros habéis temido
ellos han temido

Pretérito imperfecto - Imperfetto
yo temía
tú temías
él temía
nosotros temíamos
vosotros temíais

ellos temían

Pretérito pluscuamperfecto - Trapassato prossimo

yo había temido

tú habías temido

él había temido

nosotros habíamos temido

vosotros habíais temido

ellos habían temido

Pretérito perfecto simple - Passato remoto

yo temí

tú temiste

él temió

nosotros temimos

vosotros temisteis

ellos temieron

Pretérito anterior - Trapassato remoto

yo hube temido

tú hubiste temido

él hubo temido

nosotros hubimos temido

vosotros habisteis temido

ellos hubieron temido

Futuro semplice

yo temeré

tú temerás

él temerá

nosotros temeremos

vosotros temeréis

ellos temerán

Futuro perfecto - Futuro anteriore

yo habré temido

tú habrás temido

él habrá temido

nosotros habremos temido

vosotros habréis temido

ellos habrán temido

Condicional - Condizionale Presente

yo temería

tú temerías

él temería

nosotros temeríamos

vosotros temeríais

ellos temerían

Condicional perfecto - Condizionale Passato

yo habría temido

tú habrías temido

él habría temido

nosotros habríamos temido

vosotros habríais temido

ellos habrían temido

Subjuntivo - Congiuntivo Presente

yo tema

tú temas

él tema

nosotros temamos

vosotros temáis

ellos teman

Pretérito perfecto - Passato

yo haya temido

tú hayas temido

él haya temido

nosotros hayamos temido

vosotros hayáis temido

ellos hayan temido

Pretérito imperfecto 1 - Imperfetto 1

yo temiera

tú temieras

él temiera

nosotros temiéramos

vosotros temierais

ellos temieran

Pretérito pluscuamperfecto 1 - Trapassato 1

yo hubiera temido

tú hubieras temido

él hubiera temido

nosotros hubiéramos temido

vosotros hubierais temido

ellos hubieran temido

Pretérito imperfecto 2 - Imperfetto 2

yo temiese

tú temieses

él temiese

nosotros temiésemos

vosotros temieseis

ellos temiesen

. . .

Pretérito pluscuamperfecto 2 - Trapassato 2

yo hubiese temido

tú hubieses temido

él hubiese temido

nosotros hubiésemos temido

vosotros hubieseis temido

ellos hubiesen temido

Futuro semplice

yo temiere

tú temieres

él temiere

nosotros temiéremos

vosotros temiereis

ellos temieren

Futuro perfecto - Futuro anteriore

yo hubiere temido

tú hubieres temido

él hubiere temido

nosotros hubiéremos temido

vosotros hubiereis temido

ellos hubieren temido

Imperativo

-

teme

tema

temamos

temed

teman

Imperativo negativo

-

no temas

no tema

no temamos

no temáis

no teman

Infinitivo Simple - Infinito Presente

temer

Infinitivo Compuesto - Infinito Passato

haber temido

Gerundio Simple - Gerundio Presente

temiendo

Gerundio Compuesto - Gerundio Passato

habiendo temido

Participio

Temido

Verbo Subir

Indicativo Presente
yo subo
tú subes
él sube
nosotros subimos
vosotros subís
ellos suben

Pretérito perfecto compuesto - Passato prossimo
yo he subido
tú has subido
él ha subido
nosotros hemos subido
vosotros habéis subido
ellos han subido

Pretérito imperfecto - Imperfetto
yo subía
tú subías
él subía

nosotros subíamos

vosotros subíais

ellos subían

Pretérito pluscuamperfecto - Trapassato prossimo

yo había subido

tú habías subido

él había subido

nosotros habíamos subido

vosotros habíais subido

ellos habían subido

Pretérito perfecto simple - Passato remoto

yo subí

tú subiste

él subió

nosotros subimos

vosotros subisteis

ellos subieron

Pretérito anterior - Trapassato remoto

yo hube subido

tú hubiste subido

él hubo subido

nosotros hubimos subido

vosotros hubisteis subido

ellos hubieron subido

Futuro semplice

yo subiré

tú subirás

él subirá

nosotros subiremos

vosotros subiréis

ellos subirán

Futuro perfecto - Futuro anteriore

yo habré subido

tú habrás subido

él habrá subido

nosotros habremos subido

vosotros habréis subido

ellos habrán subido

Condicional - Condizionale Presente

yo subiría

tú subirías

él subiría

nosotros subiríamos

vosotros subiríais

ellos subirían

Condicional perfecto - Condizionale Passato

yo habría subido

tú habrías subido

él habría subido

nosotros habríamos subido

vosotros habríais subido

ellos habrían subido

Subjuntivo - Congiuntivo Presente

yo suba

tú subas

él suba

nosotros subamos

vosotros subáis

ellos suban

Pretérito perfecto - Passato

yo haya subido

tú hayas subido

él haya subido

nosotros hayamos subido

vosotros hayáis subido

ellos hayan subido

Pretérito imperfecto 1 - Imperfetto 1

yo subiera

tú subieras

él subiera

nosotros subiéramos

vosotros subierais

ellos subieran

Pretérito pluscuamperfecto 1 - Trapassato 1

yo hubiera subido

tú hubieras subido

él hubiera subido

nosotros hubiéramos subido

vosotros hubierais subido

ellos hubieran subido

Pretérito imperfecto 2 - Imperfetto 2

yo subiese

tú subieses

él subiese

nosotros subiésemos

vosotros subieseis

ellos subiesen

Pretérito pluscuamperfecto 2 - Trapassato 2

yo hubiese subido

tú hubieses subido

él hubiese subido

nosotros hubiésemos subido

vosotros hubieseis subido

ellos hubiesen subido

Futuro semplice

yo subiere

tú subieres

él subiere

nosotros subiéremos

vosotros subiereis

ellos subieren

Futuro perfecto - Futuro anteriore

yo hubiere subido

tú hubieres subido

él hubiere subido

nosotros hubiéremos subido

vosotros hubiereis subido

ellos hubieren subido

Imperativo

-

sube

suba

subamos

subid

suban

Imperativo negativo

-

no subas

no suba

no subamos

no subáis

no suban

Infinitivo Simple - Infinito Presente

subir

Compuesto Passato

haber subido

Gerundio Simple - Gerundio Presente

subiendo

Gerundio Compuesto - Gerundio Passato

habiendo subido

Participio

subido

13

I NUMERI - NÚMEROS

Numeri cardinali - Números cardinales

1 uno uno

2 due dos

3 tre tres

4 quattro cuatro

5 cinque cinco

6 sei seis

7 sette siete

8 otto ocho

9 nove nueve

10 dieci diez

11 undici once

12 dodici doce

13 tredici trece

14 quattordici catorce

15 quindici quince

16 sedici dieciséis

17 diciassette diecisiete

18 diciottodieciocho

19 diciannove diecinueve

20 venti veinte

21 ventuno veintiuno

30 trenta treinta

40 quaranta cuarenta

50 cinquanta cincuenta

60 sessanta sesenta

70settanta setenta

80 ottanta ochenta

90 novanta noventa

100cento cien

101 centouno ciento uno

110 centodieci ciento diez

200 duecento doscientos

300trecento trescientos

400 quattrocento cuatrocientos

500 cinquecento quinientos

600 seicento seiscientos

700 settecento setecientos

800 ottocento ochocientos

900 novecento novecientos

1000 millemil

1.000.000 un milione un millón

1.000.000.000 un miliardo un billón

Numeri ordinali - Números ordinales

1° primo primero

2°secondo segundo

3° terzo tercero

4°quarto cuarto

5° quinto quinto

6° sesto sexto

7° settimo séptimo

8° ottavo octavo

9° nono noveno

10° decimo décimo

11° undicesimo undécimo

12° dodicesimo duodécimo

20° ventesimo vigésimo

21° ventunesimo vigésimo primero

30° trentesimo trigésimo

40° quarantesimo cuadragésimo

50° cinquantesimo cincuagésimo

60° sessantesimo sexagésimo

70° settantesimo septuagésimo

80° ottantesimo octagésimo

90° novantesimo nonagésimo

100° centesimo centésimo

101° centounesimo centésimo primero

200° duecentesimo duecentésimo

1000°millesimo milésimo

14

VOCABOLARIO RAPIDO - VOCABULARIO RÁPIDO

¡buone provecho!buon appetito

¡lo siente mucho!mi dispiace molto

¡salud!salute!

¿cómo está?come sta / stai?

¿cómo te llams?come ti chiami? :

a la parillaalla griglia

a vecesa volte

abrigocappotto

abrilaprile

abriraprire

acabarfinire

academiaaccademia

acertar(se)accertare(si)

acompañadoaccompagnato

acostar(se)coricar(si)

adelanteavanti

adiósarrivederci

adiósarrivederci

aduanadogana

aeropuertoaereoporto

agenciaagenzia

agostoagosto

agradablegradevole

aguaacqua

aguantarsopportare

ahíqui

ahoraadesso

airearia

alcoholalcol

alegreallegro

alegrecontento

alergiaallergia

alfombratappeto

algodóncotone

algodóncotone, ovatta

algunoalcuno

allílí

almorzarpranzare

alquilaraffittare

altoalto

amaramare

ambulanciaambulanza

amigo/aamico/a

añadiraggiungere

anciano / aanziano

andarandare

andénbinario, piattaforma

animalanimale

añoanno

antesprima

antibióticoantibiotico

apartamentoappartamento

apellidocognome

aprenderapprendere

aprobarpassare (un esame)

aquíqui

árbolalbero

armarioarmadio

arreglaraggiustare

arrozriso

asadoarrostito

ascensorascensore

asearfare le pulizie

asícosí

asientosedile, sedia

asnoasino

atenderprendersi cura, occuparsi

atrásdietro

aúnancora

autobúsautobus

autónomoautonomo

autopistaautostrada

avenidacorso

avionaereo

avisoavviso

ayerieri

ayudaaiuto

ayudaraiutare

azúcarzucchero

bailarballare

bajarabbassare, scaricare

bajar/vehi.scendere (da ….

bajobasso

balcónbalcone

bañadorcostume da bagno

bancobanco

bandejavassoio

bañobagno

baratoeconomico

barconave, barca

barrioquartiere

bastanteabbastanza

bebéneonato

beberbere

bellobello

bicicletabicicletta

bienbene

bikinibikini

billetebanconota

billetebiglietto

blandomolle, blando

blusablusa

bocabocca

bolígrafopenna a sfera

bolsabusta della spesa

bolsoborsa da donna

bonitocarino

borrarcancellare

bosquebosco

botasstivali

botebidone

botellabottiglia

boutiqueboutique

bragasmutande

brazobraccio

buena suertebuona fortuna

buenas nochesbuona notte

buenas tardesbuona sera

buenobuono

buenos díasbuon giorno

bueybue

bufandasciarpa

buquenave

buscarcercare

caballocavallo

cabezatesta

caercadere

cafécaffé

cafeteríacaffetteria

cajero automáticosportello bancomat

calcetinescalzini

calcularcalcolare

calientecaldo

callevia

calmado / a calmo /a

calorcalore

camaletto

cámara de fotosmacchina fotografica

cámara de videovideocamera

camarerocameriere

camarotecabina

cambiarcambiare

caminopercorso, cammino

camisacamicia

camisetacamicetta

campocampo

cansadostanco

cansar(se)stancar(si)

capazcapace

carafaccia

carnecarne

carocaro (costoso)

carreterastrada

cartalettera

cartóncartone

casacasa

casiquasi

cazocasseruola

cenarcenare

centrocentro

cepillo dentalspazzolino da denti

cercavicino

cerdomaiale

cerozero

cerrarchiudere

cervezabirra

chaléchalet

chaquetagiacca

chico / aragazzo/a

chocolatecioccolata

ciencento

ciertocerto

cincocinque

cincuentacinquanta

cinturóncintura

ciudadcittá

clarochiaro

claseclasse

climaclima

cobrarguagagnare, percepire

cocheauto

cocinacucina

cocinarcucinare

codogomito

cogerprendere, ricevere, trovare, sorprendere, catturare, ottenere

colacoda (in negozio)

colocarcollocare

comermangiare

comocome

comprarcomprare

comprendercomprendere

conducirguidare

conocerconoscere

conseguirriuscire

constipadoraffreddato

construircostruire

contarcontare

contentocontento

continuarcontinuare

controlcontrollo

corazóncuore

corbatacravatta

correosposte

corrercorrere

cortartagliare

cortinatenda

cosacosa

costarcostare

costumbrecostume

crecercrescere

creercredere

cruceincrocio

cruzarincrociare

cuarentaquaranta

cuartoquarto

cuatroquattro

cubiertocoperto (ristorante)

cucharacucchiaio

cuchillocoltello

cuerpocorpo

curarcurare

dardar

de nadadi niente

de nadaprego

debajogiù

deberdovere

décimodecimo

decirdire

dedodito

dejarlasciare, smettere

delantedavanti

delgadosnello

demasiadotroppo

dentrodentro

dependerdipendere

deportesport

deprimido/ adepresso /a

deprisadi fretta

derechadestra

derribarfar cadere, rovesciare

desayunarfare colazione

descansar(se)riposar(si)

deseardesiderare, augurare

despaciopoco a poco, lentamente

despertar(se)svegliarsi

despuésdopo

destruirdistruggere

detrásdietro

devolverrestituire

devolverrestituire

díagiorno

día festivogiorno festivo

diciembredicembre

dientedente

diezdieci

difícildifficile

dinerodenaro

directordirettore

disculpemi scusi

disculpe mi scusi

distanciadistanza

distintodistinto

dividirdivider

documentacióndocumentazione

dólardollaro

dolerdolere

dolordolore

domingodomenica

dormirdormire

dormitoriocamera da letto

dosdue

duchadoccia

dulcedolce

durardurare

duroduro

edadetá

edificioedificio

edredóncuscino

educadoeducato

ejemploesempio

ejercicioesercizio

el almuerzoil pranzo

el desayunola colazione

electricidadelettricitá

eliminareliminare

embajadaambasciata

embarazadain cinta

embarazogravidanza, imbarazzo

emocionado / a emozionato

empezarcominciare

empleadoimpiegato

encargadoresponsabile

encimasopra, addosso

encontrartrovare, incontrare

enerogennaio

enfermerainfermiera

enfermomalato

enfrentedi fronte

ensaladainsalata

enseñarinsegnare

entradaentrata, biglietto

entranteantipasto

entrarentrare

enviarinviare

equipajebagaglio

equivocar(se)sbagliar(si)

escalerasscale

escribirscrivere

escucharascoltare

escuelascuola

espaldaspalla

esperaraspettare, sperare

esposo / asposo/a

esquinaangolo

está bienva bene

está muy sabrosoè molto buono :

estaciònstagione

estación de busstazione degli autobus

estación de metrostazione della metropolitana

estación de trenstazione ferroviaria

estarstare

estaturastatura

estómagostomaco

estoy de acuerdosono d'accordo :

estropearandare in malora

estudiantestudente

estudiarstudiare

estúpidostupido

euroeuro

exactoesatto

excitado / a emozionato :

excursiónescursione

explicarspiegare

fabricarfabbricare

fácilfacile

faldagonna

falsofalso

faltarmancare

farmaciafarmacia

febrerofebbraio

fechadata

felizcontento

felizfelice

feobrutto

ferreteríaferramenta

fiebrefebbre

fiestafesta

filafila

finfine

fin semanafine settimana

finofino

firmarfirmare

flojofloscio

foliofoglio

fresafragola

frigoríficofrigorifero

fríofreddo

fríofreddo

fritofritto

fronterafrontiera

frutafrutta

fuentefonte

fuentefonte

fuerafuori

fuerteforte

funcionar funzionare

gafasocchiali

gallinagallina

garajegarage

gargantagola

gasagarza

gasolinerastazione di servizio

gastarspendere

gatogatto

gentegente

gentilicioorigine geografica

gordograsso

gorrocappello

graciasgrazie

graciosograzioso

grandegrande

gratisgratis

gripeinfluenza

gruesogrosso

guantesguanti

guapobello (di persona)

gustarpiacere

haberavere

habitacióncamera

hablarparlare

hacerfare

harina de trigofarina di frumento

hasta luegoa dopo

hasta prontoa presto

hasta prontoa presto

hayc'é, ci sono

heladogelato

heridaferita

hermano / afratello / sorella

hígadofegato

hijo / afiglio / figlia

hipermercadoipermercato

historiastoria

holaciao

hombreuomo

horaora

horarioorario

hospitalospedale

hotelhotel

hoyoggi

huevouovo

ideaidea

idiomalingua

igualuguale

imaginarimmaginare

impuestosimposte

inferiorinferiore

ingeriringerire

injustoingiusto

institutoistituto

inteligenteintelligente

intentartentare

interesanteinteressante

inviernoinverno

inyeccióniniezione

irandare

izquierdasinistra

jabónsapone

jardíngiardino

jefecapo

jerseymaglione

jovengiovane

joyeríagioielleria

jubiliadopensionato

juevesgiovedí

juezgiudice

jugueteríanegozio di giocattoli

julioluglio

juniogiugno

juntarraggruppare

junto aaffianco a

justogiusto

kilochilo

kilómetrochilometro

la cenala cena

la comidail cibo

lagolago

lámparalampada

lanalana

lápizmatita

las bebidasle bevande

las verdursale verdure

lavabolavabo

lavadoralavatrice

lavarlavare

lavavajillaslavastoviglie

lechelatte

leerleggere

lejoslontano

lentolento

levantar(se)alzarsi

librelibero

libretataccuino

librolibro

limónlimone

limpiarpulire

limpiopulito

listolesto, sveglio

llamarchiamare

llavechiave

llegararrivare

llenarriempire

llenopieno

lloverpiovere

lluviapioggia

lo sientosono spiacente

luegopoi

luneslunedí

luzluce

maderalegno

madremadre

maestromaestro

malmale

maletavaligia

maletínvaligetta

malocattivo

mañanadomani

mañanamattina

mancharmacchiare

mandotelecomando

manomano

mantacoperta

manzanamela

marmare

martesmartedí

marzomarzo

máspiù

materialmateriale

mayomaggio

mayormaggiore

me llamo mi chiamo

mediascalze

médicomedico

medirmisurare

mejormigliore

melónmelone

memorizarmemorizzare

menorminore

menosmeno

menúmenú

mesmese

mesatavola

metalmetallo

metrometro

microondasmicroonde

mientrasmentre

miércolesmercoledí

milmille

millónmilione

ministroministro

minutominuto

mirarguardare

mitadmetá

molestarmolestare

monedamoneta

montañamontagna

morirmorire

mostrarmostrare

motomoto

muchomolto

mucho gusto piacere di conoscerti

mueblemobile

muelamolare

mujerdonna

multiplicar	moltiplicare

muñeca	polso

música	musica

muy	molto

muy bien, gracias	molto bene, grazie

muy hecha	ben cotto

nacer	nascere

nada	niente

naranja	arancia

nariz	naso

natural	naturale

naturaleza	natura

navidad	natale

necesitar	aver bisogno di

nervioso / a	nervoso /a

nieve	neve

ninguno	nessuno

niño	bambino

nono

no importa	non fa niente

no sé	non lo so

noche	notte

nombre	nome

noticia	notizia

nove	nonono

noventa	novanta

noviembrenovembre

nuevenove

númeronumero

nuncamai

objetooggetto

ochentaottanta

ochootto

octavoottavo

octubreottobre

ocupadooccupato

oídoudito

oírudire

ojoocchio

olerodorare, puzzare

ollapentola

olvidardimenticare

ordenadorcomputer

orillariva

otoñoautunno

ovejapecora

padrepadre

padresgenitori

pagarpagare

paíspaese

palillostuzzicadenti

panaderíapanetteria

pantalonespantaloni

papelcarta

papel higiénicocarta igienica

papeleríacartoleria

paquetepacco

paradafermata

paraguasombrello

pararfermare

parqueparco

partidopartito

pasadopassato

pasaportepassaporto

pastapasta

pastelpaste

pastillapastiglia

patataspatate

pechopetto

pedirchiedere

peluqueríanegozio di parrucchiere

pensarpensare

peorpeggiore

pequeñopiccolo

perapera

perderperdere

periódicoquotidiano

permiso con permesso

permitirpermettere

perrocane

personapersona

pesarpesare

pescadopresce

pesopeso

piepiede

piernagamba

pilarcolonna

pisopiano

plantapianta

plásticoplastica

plátanobanana

platopiatto

playaspiaggia

plazapiazza

pocopoco

poco hechaal sangue

poderpotere

policíapolizia

políticapolitica

pollopollo

ponerporre

por favorper favore

por favorper favore

portátilcomputer portatile

postredessert

precioprezzo

preferentepreferenziale

preguntardomandare

preocupado / apreoccupato / a

presidentepresidente

primaveraprimavera

primeroprimo

principioprincipio

profesiónprofessione

profesorprofessore

prontosubito

puertoporto

quererdesiderare, amare

quintoquinto

quitartogliere

quizáforse

radioradio

rápidorapido

rebozadoimpanato

recibirricevere

recogerraccogliere

recordarricordare

regaloregalo

regiónregione

regularregolare

religiónreligione

relojorologio

relojeríaorologiaio

resistenteresistente

restarsottrarre

restauranteristorante

revistarivista

riñónrene

rodillaginocchio

romperrompere

ropavestiario

ruidorumore

sábadosabato

sábanalenzuolo

sabersapere

sacarestrarre

salsale

saladosalato

salidauscita

saliruscire

salónsalone

salsasalsa

saltarsaltare

saludarsalutare

sangresangue

sanosano

sarténpadella

secretariosegretario

sedaseta

seguircontinuare

segundosecondo

segundosecondo

segurosicuro

seissei

sellofrancobollo

semanasettimana

sentirsentire

separarseparare

septiembresettembre

séptimosettimo

seressere

servilletasalvietta

servirservir

sesentasessanta

setentasettanta

sextosesto

sísi

sísi

sísí

siempresempre

síentese, por favorsi accomodi per favore

sietesette

siguientesuccessivo

sillasedia

sillónpoltrona

simpáticosimpatico

slipsslips

sobraravanzare

sobrebusta (da lettera)

sociedadsocietá

sofásofa

solsole

solarsolare

solosolo

solucionarrisolvere

sopazuppa

subirsalire, aumentare

suciosporco

sujetadorreggiseno

sujetosoggetto

sumarsommare

superiorsuperiore

supermercadosupermercato

tallataglia

tallerofficina

tambiénanche

tampoconeanche

tardartardare

tardepomeriggio

tarjeta de creditocarta di credito

tartatorta

tasastasse

taxitaxi

tazatazza

tète

telatela

teléfonotelefono

televisióntelevisione

temgo hambreho fame

tempranopresto

tenedorforchetta

tenertenere

tengo sedho sete

terceroterzo

terminarterminare

terneravitello

tiempotempo

tiendanegozio, tendone

tirartirare, abbattere, buttare, scattare una foto, sparare

tiritagesso

toallaasciugamano

tobillocaviglia

tocartoccare

todaviaancora

todotutto

todostutti

tomarprendere

toneladatonnellata

tontotonto

trabajarlavorare

trabajolavoro

traerportare

trajevestito

tranquilo / atranquillo / a

tranvíatramvia

trapostraccio

treintatrenta

trentreno

trestre

tripulacíonequipaggio

tristetriste

turistaturista

unasqualche, qualcuna

universidaduniversitá

unouno

unosqualche, qualcuno

urbanizaciónurbanizzazione

utilizarutilizzare

vacavacca

vacacionesvacanze

vaciarsvuotare

vacíovuoto

vagónvagone

valervalere, servire

vasobicchiere

veinteventi

venirvenire

vervedere

veranoestate

verdadverità

verduraverdura

vestirvestirsi

víavia

viajarviaggiare

viajeviaggio

viejovecchio

viernesvenerdí

vinovino

vivirvivere

volverritornare, diventare

vuelovolo

yoguryogurt

zapateríanegozio di scarpe

zapatosscarpe

15

FRASARIO DI LINGUA SPAGNOLA - LIBRO DE FRASES EN ESPAÑOL

Frasi generiche

Se / NoSì / No

Por favorPer favore..

Gracías!Grazie!

Muchas gracias!Grazie mille!

De nadaPrego

Buenos días!Buongiorno!

Hola!Ciao!

Muy buenos!Molto bene!

Buenas tardes!Buon pomeriggio!

Buenas noches!Buonanotte!

Cómo se llama usted?Come ti chiami?

Cómo te llamas?Come ti chiami?

Encantado/da!Incantato!

Cómo está usted?Come stai?

Cómo estás?Come stai?

Estoy bien, ¿ y usted/tu?Io sto bene, e tu?

Me llamo…/Soia…Il mio nome è… / Io sono

Estoy…Io sono…

DisculpeScusatemi, per avervi disturbato

PermisoScusatemi, per passare

No importanon importa

Adiós!Addio!

Hasta pronto!A presto!

Hasta luego!Ci vediamo dopo!

No hablo muy bien españolnon parlo molto bene
lo spagnolo

Hablo un poco españolParlo un po' di spagnolo

No entiendonon capisco

Me entiende?Mi capisci?

Más despacio, por favorpiù lento, per favore

Puede repetir, por favor?Può ripetere, per favore?

Cómo se llama esto?come lo chiamate?

Qué significa…?Cosa significa…?

Tal vezForse

Por favorPer favore

GraciasGrazie

Muchas graciasGrazie tante

De nadaPrego

No tiene importanciaFigurati

No pasa nadaDi niente

Salutarsi

HolaSalve

BuenasCiao, abbastanza informale

Buenos díasBuongiorno, usato prima di mezzogiorno

Buenas tardesBuon pomeriggio, utilizzato da mezzogiorno fino alle 20:00 circa

AdiósArrivederci

Buenas nochesBuonanotte

¡Nos vemos!Ci vediamo!

¡Nos vemos pronto!Ci vediamo presto!

¡Hasta luego!Ci vediamo dopo!

¡Qué tengas un buen día!Buona giornata!

¡Qué tengas un buen fin de semana!Buon fine settimana!

Attirare l'attenzione di qualcuno

DisculpeScusami, può essere usato per avere l'attenzione di qualcuno, per chiedere permesso di passare, o per scusarsi

PerdónScusa

No hay problema oppure no pasa nadaNon c'è

problema

Está bienFa niente

No te preocupesNon preoccuparti

Farsi capire

¿Habla usted español?Parla spagnolo?

No hablo españolIo non parlo spagnolo

No hablo mucho españolNon parlo molto bene spagnolo

Solo hablo un poquito de españolParlo spagnolo solo un po'

Hablo un poco de españolParlo un po' spagnolo

Por favor, hable más despacioParli più lentamente per favore

Por favor, escríbaloLo scriva per favore

¿Podría, por favor, repetir eso?Può ripetere per favore?

Comprendo oppure entiendoCapisco

No comprendo oppure no entiendoNon capisco

Lo séLo so

No lo séNon lo so

Disculpe, ¿dónde está el baño?Scusi, dov'è il bagno?

Disculpe, ¿dónde está el aseo?Scusi, dov'è il bagno?

Cartelli

EntradaEntrata

SalidaUscita

Salida de emergenciaUscita di emergenza

EmpujarSpingere

TirarTirare

AseosWC

WCWC

CaballerosUomini

SeñorasDonne

LibreLibero

OcupadoOccupato

Fuera de servicioGuasto

No fumarVietato fumare

PrivadoPrivato

No pasarDivieto d'ingresso

Frasi per le emergenze

¡Ayuda! oppure ¡Socorro!Aiuto!

¡Ten cuidado!Faccia attenzione!

¡Cuidado!, Attenzione!Attento!

Por favor, ayúdemePer favore mi aiuti

Emergenze

¡Llame a una ambulancia!Chiami un'ambulanza!

Necesito un médicoHo bisogno di un dottore

Ha habido un accidenteC'è stato un incidente

¡Por favor, dénse prisa!Fate presto per favore!

Me he cortadoMi sono tagliato

Me he quemadoMi sono bruciato

¿Está usted bien?Stai bene?, sta bene?

¿Están todos bien?State tutti bene?

¡Al ladrón!Al ladro!

¡Llame a la policía!Chiami la polizia!

Me han robado la carteraMi hanno rubato il portafoglio

Me han robado el monederoMi hanno rubato la borsetta

Me han robado el bolsoMi hanno rubato la borsa

Me han robado el ordenador portátilMi hanno rubato il computer portatile

Quiero denunciar un roboVorrei denunciare un furto

Me han robadoSono stato rapinato

Me han atacadoSono stato aggredito

¡Fuego!Al fuoco!

¡Llame a los bomberos!Chiami i pompieri!

¿Huele usted a algo quemado?Può sentire l'odore di bruciato?

Hay un fuegoC'è un incendio

El edificio está en llamasL'edificio è in fiamme

Estoy perdidoMi sono perso

Estoy perdidaMi sono perso

Estamos perdidosCi siamo persi

No puedo encontrar …Non trovo …

mis llavesle mie chiavi

mi pasaporteil mio passaporto

mi teléfono móvilil mio cellulare

He perdido …Ho perso …

mi carterail mio portafoglio

mi monederola mia borsetta

mi cámarala mia macchina fotografica

Me he dejado las llaves dentro …Mi sono chiuso fuori …

del cochedall'auto

de la habitacióndalla mia camera

Por favor, déjame en pazPer favore mi lasci in pace

¡Vete!Vai via!

Conversare in spagnolo

- Chiedere a qualcuno come sta

¿Cómo estás?Come stai?, come sta?

¿Cómo está usted?Come va?

¿Qué tal? or ¿qué tal va?Come va?

¿Qué tal andas?

¿Cómo te va?Come va?

¿Cómo te va la vida?Come va?

¿Cómo van las cosas?Come vanno le cose?

Estoy bien, graciasSto bene, grazie

No me va mal, graciasTutto ok, grazie

Todo bien, gracias

No muy bienNon molto bene

¿Y tú qué tal?E tu?, e a te?

¿Y tú?E tu?, e a te?

- Chiedere a qualcuno di cosa si occupa o di cosa si è occupato

¿Qué andas haciendo?Cosa fai?

¿Qué has estado haciendo últimamente?Che cosa hai fatto ultimamente?

Trabajando muchoHo lavorato molto

Estudiando muchoHo studiato molto

He estado muy ocupadoSono stato molto occupato

He estado muy ocupadaI've been very busy (said

by a woman)

Lo mismo de siempre or lo mismo que de costumbreSempre le solite cose

No demasiado or no muchoNon molto

Acabo de volver justamente de …

Italia

- Chiedere a qualcuno dov'è

¿Dónde estás?Dove sei?

Estoy …

en casa

en el trabajo

en la ciudad

en el campo

de tiendas

en un tren

en la casa de Francisco

- Chiedere i programmi di qualcuno

¿Qué planes tienes para el verano?Hai dei programmi per questa estate?

¿Qué vas a hacer en …?

Navidades

Año Nuevo

Semana Santa

Frasi sul lavoro

- L'occupazione

¿A qué te dedicas?, ¿qué haces?, or ¿en qué trabajas?Che lavoro fai?

¿Qué haces para ganarte la vida?Cosa fai per vivere?

¿Qué clase de trabajo haces?Che tipo di lavoro fai?

¿Qué clase de trabajo realizas?Che tipo di lavoro fai?

Soy ...

profesor

profesora

estudiante

doctor

doctora

Trabajo como ...

periodista

programador

programadora

Trabajo en ...

televisión

la industria editorial

las relaciones públicas

ventas

la informática

Trabajo con ...

ordenadores

niños discapacitados

Me quedo en casa y cuido de los niñosSto a casa a badare ai figli

Soy ama de casaFaccio la casalinga

- Lo stato lavorativo

Trabajo a tiempo parcialHo un lavoro part-time

Trabajo a tiempo completoHo un lavoro a tempo pieno

Estoy ...

desempleado

buscando trabajo

buscando un empleo

No estoy trabajando en este momentoAl momento non lavoro

Me han despedidoSono stato licenziato per una eccedenza di personale

Me han despedido hace un par de mesesSono stato licenziato per una eccedenza di personale due mesi fa

Hago trabajo voluntarioFaccio del volontariato

Estoy jubiladoSono in pensione

Estoy jubilada

- Chiedere per chi si lavora

¿Para quién trabajas?Per chi lavori?

Trabajo para ...

una editorial

un banco de inversiones

el ayuntamiento

Soy trabajador autónomoSono un lavoratore autonomo

Soy trabajadora autónoma

Tengo mi propio negocioHo il mio business

Soy socio en ...

un bufete de abogados

una oficina de contabilidad

Soy socia en ...

una inmobiliaria

Acabo de empezar en …
IBM

- Info sul posto di lavoro

¿Dónde trabajas?Dove lavori?
Trabajo en …
una oficina
una tienda
un restaurante
un banco
una fábrica
un servicio de llamadas
Trabajo desde casaLavoro da casa

- I tirocini e gli stage

Estoy haciendo prácticas de …
ingeniero
ingeniera
enfermero
enfermera
Soy becario haciendo de …
contable

Soy becaria haciendo de ...

jefa de supermercado

Estoy haciendo un curso en la actualidadAl momento sto facendo un corso

Estoy haciendo prácticasSto facendo uno stage

Estoy disfrutando de una beca

Orari e date

Antes de ayerL'altroieri

AyerIeri

HoyOggi

MañanaDomani

Pasado mañanaDopodomani

La pasada nocheLa scorsa notte

Esta nocheStasera

Mañana por la nocheDomani sera

Por la mañanaAlla mattina

Por la tardeAl pomeriggio

Por la noche

Ayer por la mañanaIeri mattina

Ayer por la tardeIeri pomeriggio

Ayer por la noche

Esta mañanaStamattina

Esta tardeQuesto pomeriggio

Esta nocheStasera

Mañana por la mañanaDomattina

Mañana por la tardeDomani pomeriggio

Mañana por la nocheDomani sera

La semana pasadaLa settimana scorsa

El mes pasadoIl mese scorso

El año pasadoL'anno scorso

Esta semanaQuesta settimana

Este mesQuesto mese

Este añoQuest'anno

La semana que vieneLa prossima settimana

El mes que vieneIl mese prossimo

El año que vieneL'anno prossimo

Altre espressioni temporali

AhoraAdesso

AntesAllora, poi

Inmediatamente o justo ahora

ProntoTra poco

Más tempranoPrima

Más tardeDopo

Hace poco tiempo

Hace cinco minutosCinqua minuti fa

Hace media hora

Hace una horaUn'ora fa

Hace una semanaUna settimana fa

Hace dos semanasDue settimane fa

Hace un mesUn mese fa

Hace un añoUn anno fa

Hace mucho tiempoTanto tempo fa

En diez minutosTra una dieci minuti

En una horaTra un'ora

En una semanaTra una settimana

En diez díasTra dieci giorni

En tres semanasTra tre settimane

En dos mesesTra due mesi

En diez añosTra dieci anni

El día anteriorIl giorno prima

La semana anteriorLa settimana prima

El mes anteriorIl mese prima

El año anteriorL'anno prima

El siguiente díaIl giorno dopo

La siguiente semanaLa settimana dopo

El siguiente mesIl mese dopo

El siguiente añoL'anno dopo

Durata

Viví en Canadá por seis mesesHo vissuto in Canada
per sei mesi

He trabajado aquí durante nueve añosHo lavorato
qui per nove anni

Voy a Francia mañana por dos semanasDomani vado in Francia per due settimane

Estuvimos nadando durante un largo tiempoAbbiamo nuotato per molto tempo

Frequenza

NuncaMai

RaramenteRaramente

OcasionalmenteOccasionalmente

A vecesA volte

A menudo o frecuentemente

Usualmente o normalmente

SiempreSempre

Cada día o diariamente

Cada semana o semanalmente

Cada mes o mensualmente

Cada año o anualmente

Dire l'ora

¿Qué hora es?Che ore sono?

¿Me podría decir la hora, por favor?Mi può dire l'ora, per favore?

¿Tiene usted hora?Sa per caso che ore sono?

¿Sabe usted qué hora es?Sa che ora è?

Es ...

Son ...

exactamente ...

aproximadamente ...

casi ...

justo ... pasada

justo ... pasadas

la una en puntoL'una

las dos en puntoLe due

la una y cuartoL'una e un quarto

las dos y cuartoLe due e un quarto

la una y mediaL'una e mezza

las dos y mediaLe due e mezza

las dos menos cuartoUn quarto alle due

las tres menos cuartoUn quarto alle tre

la una y cincoL'una e cinque

la una y diezL'una e dieci

la una y veinteL'una e venti

la una y veinticincoL'una e venticinque

las dos menos cincoCinque alle due

las dos menos diezDieci alle due

las dos menos veinteVenti alle due

las dos menos veinticincoVenticinque alle due

las diez y cuartoDieci e quindici

las diez y mediaDieci e trenta

las diez y cuarenta y cincoDieci e quarantacinque

las diez de la mañanaDieci del mattino

las seis de la tardeSei di sera

mediodíaMezzogiorno

medianocheMezzanotte

11:32 de la mañana

2:17 de la tarde

Mi reloj está ...

adelantado

atrasado

Ese reloj está un poco ...

adelantado

atrasado

Il tempo atmosferico

¿Còmo està el tiempo?Che tempo fa?

¿Què tal es el tiempo?Che tempo fa?

Està soleadoÈ sereno

Hace mal tiempo

Està lloviendoSta piovendo

Està nevandoSta nevicando

Hace mucho vientoÈ ventoso

Està ventosoÈ ventoso

Hay mucha humedad

Està hùmedo

Hace calorFa caldo

Hace frìoFa freddo

Hace mucho calor

Hace mucho frìo

Viaggiare

¿Donde está ...?

la estación de autobuses

el aeropuerto

la estación de trenes

la estación de ferrocarril

¿Donde puedo coger un taxi?Dove posso prendere un taxi?

El autobúsAutobus

El avión

El trenTreno

El barco

El bote

El ferryTraghetto

El taxiTaxi

El cocheVagone

La bicicleta

En autobúsIn autobus

En aviónIn aereo

En trenIn treno

En barcoIn nave

A pieA piedi

Izquierda

DerechaGiusto

A la izquierda

A la derecha

Todo recto

Necesito un taxi, por favorVorrei un taxi, per favore

Lo siento, no hay taxis disponibles

¿Dónde está usted?

Estoy ...

en el Hotel Ritz

en la estación de trenes

en la esquina de Cibeles y Gran Vía

¿Cuánto tiempo tardará en llegar?

un cuarto de hora

cinco minutos

unos diez minutos

Va de caminoSta arrivando

¿Cuanto cuesta?Quanto verrà a costare?

¿A dónde le gustaría ir?

¿A dónde le llevo?

Me gustaría ir ...

a la Estación de Atocha

al Aeropuerto del Prat

¿Cuánto tiempo tarda en llegar?Quanto ci

metteremo?

¿Estamos cerca?Siamo quasi arrivati?

Vale, quédese el cambioA posto così, tenga il resto

Mangiare e bere

Tiene alguna mesa libre?

Una mesa para dos, por favorUn tavolo per due, per favore

Una mesa para tres, por favorUn tavolo per tre, per favore

Una mesa para cuatro, por favorUn tavolo per quattro, per favore

Me gustarìa hacer una reservaVorrei fare una prenotazione

¿Para cuàndo?Per quando?

¿Para què dìa?

¿Para què hora?Per che ora?

Para esta tarde a las sietePer questa sera alle sette

Para esta tarde a las ochoPer questa sera alle otto

Para esta tarde a las nueve

Para esta tarde a las diez

Para mañana al mediodìaPer domani a mezzogiorno

Para mañana a la una

Para mañana a las dos

Para mañana a las tres

¿Para cuàntas personas?Per quante persone?

¿Para cuàntos comensales?

Tengo una reservaHo una prenotazione

Tengo una reserva a nombre de ...

¿A nombre de quièn?

El menù, por favor

La carta de vinos, por favor

Soy vegetariano

Soy vegetariana

No como carneNon mangio carne

Què aproveche!

¿Desea algo màs?

¿Desean algo màs?

¿Alguna cosa màs?Altro?

¿Desea tomar un cafè o algùn postre?

¿Desean tomar un cafè o algùn postre?

La cuenta, por favorIl conto, per favore

¿Puedo pagar con tarjeta de crèdito?

¡Gracias, todo estaba muy bueno!

¡Mis felicitaciones al cocinero!

Cose che potreste vedere

RestauranteRistorante

    CantinaRistorante

    Bar de tapas

    Entrantes

    Patatas bravas

    Patatas ali olì

    Jamòn serrano

    Tabla de quesos

    Chorizo

    Morcilla

    CalamaresCalamaro

    Gambas

    SopaZuppa

    EnsaladaInsalata

    Ensalada mixtaInsalata mista

    Ensalada de patata

    Ensalada de pollo

    Platos principales

    Fileta

    PescadoPesce

    PolloPollo

    Patatas fritas y huevos fritos

    Postres

    HeladoGelato

TartaTorta

Cafè con hielo

FrutaFrutta

In città

¿Disculpe, dònde està ...?

la oficina de correos

el banco

la peluquerìa

la oficina de turismo

el centro de la ciudad

la estaciòn de trenes

la estaciòn de ferrocarril

la estaciòn de autobuses

el puerto

el hospital màs cercano

la comisarìa de policìa

Quisiera un sobre, por favorVorrei una busta, per favore

Un paquete de sobres, por favorVorrei una confezione di buste, per favore

Un sello para Inglaterra, por favor

Dos sellos para Inglaterra, por favor

¿Dònde està el buzòn de correos?Dov'è la buca delle lettere?

Quisiera enviar esta carta a ...

Quisiera enviar esta postal a ...

Quisiera enviar esta paquete a ...

Inglaterra

Me gustaría cambiar dineroVorrei cambiare dei soldi

Me gustaría cambiar ... por ...

euros

libras esterlinas

dólares

dólares canadienses

dólares australianos

rublos

yen japonés

coronas suecas

coronas danesas

Me gustaría abrir una cuentaVorrei aprire un conto

Me gustaría abrir una cuenta personalVorrei aprire un conto privato

Me gustaría abrir una cuenta de negociosVorrei aprire un conto "business"

Me gustaría cancelar mi cuenta

¿Tiene usted algun documento identificatorio?

Sí, tengo mi

pasaporte

carnét de conducir

documento nacional de identidad

Salute

¿Cuál es el problema?Qual è il problema?

No me siento bienNon mi sento bene

No me estoy sintiendo muy bienNon mi sento molto bene

Me siento malMi sento male

Me he cortadoMi sono tagliato

Me duele la cabezaHo mal di testa

Tengo un fuerte dolor de cabezaHo un brutto mal di testa

Tengo gripeHo l'influenza

Voy a vomitarSto per sentirmi male

He estado vomitandoSono stato male

Me duele …Ho male a …

el cuelloil collo

Me duelen …Mi fanno male …

los piesi piedi

las rodillasle ginocchia

Me duele la espaldaMi fa male la schiena

¿Cómo te sientes?Come ti senti?

¿Te sientes bien?Ti senti bene?

¿Te encuentras mejor?Ti senti un po' meglio?

Espero que te encuentres mejorSpero che presto ti

sentirai meglio

¡Recupérate pronto!Guarisci presto!

Necesito ver a un médicoHo bisogno di un dottore

Creo que deberías ir a ver a un médicoPenso che dovresti andare da un dottore

¿Conoce algún buen …?Conosce un buon …?

médicodottore

dentistadentista

¿Sabes donde puedo encontrar una farmacia que abra las 24 horas?Sa dove si trova una

Usare il telefono

Digame!

Si!

¿Podría hablar con …?

¿Está … en casa?

Un momento, por favorUn momento, prego

Te paso con él/ella

Le paso con él/ella

Sí, soy yo

¿Quieres dejar un recado?

¿Puedo llamarte luego?

¿Podría llamarle luego?

Creo que se ha equivocado de número

¿Cuál es tu número de teléfono?

¿Cuál es su número de teléfono?

Colori

¿Qué color es?Di che colore è?

¿De qué color es?Di che colore è?

blancobianco

amarillogiallo

naranjaarancione

rosarosa

rojorosso

marrónmarrone

verdeverde

azulblu

violetaviola

grisgrigio

negronero

plateadoargento

doradooro

multicolormulticolore

marrón claromarrone chiaro

verde claroverde chiaro

azul claroazzurro

marrón oscuromarrone scuro

verde oscuroverde scuro

azul oscuroblu scuro

rojo brillanterosso fuoco

verde brillanteverde brillante

azul brillanteblu brillante

Giorni della settimana

¿Qué día es hoy?Che giorno è oggi?

luneslunedí

martesmartedí

miércolesmercoledí

juevesgiovedí

viernesvenerdí

sábadosabato

domingodomenica

el luneslunedì

el martesmartedì

el miércolesmercoledì

el juevesgiovedì

el viernesvenerdì

el sábadosabato

el domingodomenica

cada lunesdi lunedì

cada martesdi martedì

cada miércolesdi mercoledì

cada juevesdi giorvedì

cada viernesdi venerdì

cada sábadodi sabato

cada domingodi domenica

Mesi e stagioni

enerogennaio

   febrerofebbraio

   marzomarzo

   abrilaprile

   mayomaggio

   juniogiugno

   julioluglio

   agostoagosto

   septiembresettembre

   octubreottobre

   noviembrenovembre

   diciembredicembre

   en eneroa gennaio

   en febreroa febbraio

   en marzoa marzo

   en abrilad aprile

   en mayoa maggio

   en junioa giugno

   en julioa luglio

   en agostoad agosto

   en septiembrea settembre

en octubrea ottobre

en noviembrea novembre

en diciembrea dicembre

la primaveraprimavera

el veranoestate

el otoñoautunno

el inviernoinverno

en primaverain primavera

en veranoin estate

en otoñoin autunno

en inviernoin inverno

Paesi e nazionalità

de dónde eres?de dónde es usted?

soy de ...

Inglaterra, Reino Unido, Gran Bretaña

Estados Unidos

Canada

Australia

Nueva Zelanda

Francia

España

Portugal

Alemania

Holanda

Italia

Grecia

Suecia

Noruega

Dinamarca

Islandia

Estonia

Letonia

Lituania

Rusia

Polonia

Finlandia

Japón

China

India

Egipto

Turquía

soy …

inglés

estadounidense

canadiense

australiano

neozelandés

francés

español

portugués

alemán

holandés

italiano

griego

sueco

noruego

danés

islandés

estonio

letón

lituano

ruso

polaco

finés/finlandés

japonés

chino

indio

egipcio

turco

Lingue

afrikáansafrikaans

    albanoalbanese

    árabearabo

    azerbaiyano oppure azeríazero

vascobasco

bielorrusobielorusso

bengalíbengalese

bosniobosniaco

búlgarobulgaro

cantonéscantonese

cataláncatalano

chinocinese

croatacroato

checoceco

danésdanese

holandésolandese

inglésinglese

estonioestone

filipinofilippino

finésfinlandese

francésfrancese

georgianogeorgiano

alemántedesco

griegogreco

guyaratígujarati

hebreoebraico

hindihindi

húngaroungherese

islandésislandese

indonesioindonesiano

irlandésirlandese

italianoitaliano

japonésgiapponese

kazajokazako

jemerkhmer

coreanocoreano

laolao

latínlatino

letónlettone

lituanolituano

malayomalese

maratímarathi

mongolmongolo

nepalínepalese

noruegonorvegese

pastúnpashtu

persapersiano

polacopolacco

portuguésportoghese

punyabípunjabi

rumanorumeno

rusorusso

gaélico escocésgaelico scozzese

serbioserbo

eslovacoslovacco

eslovenosloveno

somalísomalo

españolspagnolo

swahiliswahili

suecosvedese

tagalotagalog

tamiltamil

telugutelogu

tailandéstailandese

turcoturco

ucranianoucraino

urduurdu

uzbekousbeco

vietnamitavietnamita

galésgallese

zulúzulu

Punti cardinali

nortenord

norestenord-est

esteest

sudestesud-est

sursud

sudoestesud-ovest

oesteovest

noroestenord-ovest

mapamappa

brújulabussola

consultar la brújulaleggere una bussola

Modi di dire spagnoli

Dime con quién andas, y te diré quién eres. = Dimmi con chi vai e ti dirò chi sei. Significato / equivalente in italiano: Dimmi con chi vai e ti dirò chi sei.

Caballo regalado no se le mira el diente = Non guardare il dente a un cavallo che ti è stato regalato. Significato / equivalente in italiano: A caval donato non si guarda in bocca.

Al mal tiempo, buena cara = Fai una bella faccia anche se i tempi sono duri. Significato / equivalente in italiano: Sii positivo anche nelle situazioni brutte.

A falta de pan, buenas son tortas = Se non c'è pane, andranno bene le torte.

Barriga llena, corazón contento = Pancia piena, cuore felice.

Camarón que se duerme se lo lleva la corriente = Il gamberetto che si addormenta viene portato via dalla corrente. Significato / equivalente in italiano: Chi dorme non piglia pesci.

Cría cuervos y te sacarán los ojos = Alleva corvi e ti caveranno gli occhi. Significato / equivalente in italiano: se ti prendi cura di persone poco raccomandabili, ti sfrutteranno.

Cuando el río suena, agua lleva = Quando il fiume fa rumore, è perché porta acqua. Significato / equivalente in italiano: Se il fiume mormora acqua c'è.

Del tal palo, tal astilla = De tale palo, tale asta. Significato / equivalente in italiano: Tale padre, tale figlio.

El que madruga coge agua clara = Chi si alza presto prende acqua pulita.

El que quiera pescado que se moje el culo = Chi vuole il pesce si deve bagnare il sedere. Significato / equivalente in italiano. Chi fa da sé, fa per tre.

Hablando del rey de Roma... Por la puerta se asoma = Parlando del re di Roma...Si affaccia dalla porta. Significato / equivalente in italiano: Parli del diavolo e spuntano le corna.

Más vale tarde que nunca = Meglio tardi che mai.

Más vale pájaro en mano que cien volando = Meglio un uccello in mano che cento volando. Significato / equivalente in italiano: Meglio cane vivo che leon morto

Moro viejo nunca será buen cristiano = Un vecchio arabo non sarà mai un buon cristiano.

No hay mal que por bien no venga = Nessun male viene per non portare del bene. Significato / equivalente in italiano: Non tutti i mali vengono per nuocere.

Ojos que no ven, corazón que no siente = Occhi che non vedono, cuore che non sente. Significato / equivalente in italiano: Occhio non vede, cuore non duole.

Quien fue a Sevilla perdió su silla = Chi andò a Siviglia, perse la sua sedia. Significato / equivalente in italiano: Chi va via perde il posto all'osteria/ Chi va a Roma perde la poltrona.

Vivieron felices y comieron perdices = Vissero felici e mangiarono pernici. Significato / equivalente in italiano: E vissero felici e contenti.

Scioglilingua – Trabalenguas

Pepe puso un peso en el piso del pozo. En el piso del pozo Pepe puso un peso.

¡Qué triste estás, Tristán, con tan tétrica trama teatral!

El perro de San Roque no tiene rabo porque el carretero Ramón Ramirez con la rar rueda de su carro se lo ha arrancado.

Un tigre, dos tigres, tres tigres, comían trigo en un triste trigal: un tigre, dos tigres, tres tigres.

El cielo está enladrillado. ¿Quién lo desenladrillará? El desenladrillador que lo desenladrille, buen desenladrillador será.

Si don Curro ahorra ahora, ahora ahorra don Curro.

Pepe Peña pela papa, pica piña, pita un pito, pica piña, pela papa, Pepe Peña.

Como poco coco como, poco coco compro.

Poquito a poquito Paquito empaca poquitas copitas en pocos paquetes.

El niño está sosegado. ¿Quién lo desasosegará? El desasosegador que lo desasosiegue, buen desasosegador será.

Rosa reza por la raza rusa pero para porque para pura risa por la rusa raza reza Rosa.

Pepe Pecas pica papas con un pico, con un pico pica papas Pepe Pecas

Forme colloquiali

a huevo facilmente, senza sforzo

    a mazo molto

    a trancas y barrancas con molta difficoltà

    año de la pera, serdel - (è) vecchio come il cucco

    apura! Sbrigati!

    bocata panino (bocadillo)

borde maleducato

búscate la vida Arrangiati!

cabrearse arrabbiarsi

cachas muscoloso

cachondeo scherzo

cahondeo, estar de (andare) a zonzo

cambiar el chip cambiare attività, lavoro

cargarse essere bocciato / uccidere

chachi / chachi

piruli bello, positivo

chapar studiare molto

chaval ragazzo

chiflo por... Sballo per...

chorizo ladro

chuleta fogliettino di appunti (per
copiare agli esami)

chungo, está (è) complicato, difficile

colarse saltare la fila

colega amico

colgado innamorato

colgarse rimanere da solo

colocón sbronza

coña, estar de scherzare

coñazo, un (è) complicato

cortarse tirarsi indietro, rinunciare

cruzarse el cable innervosirsi (tipico: Se le cruzó el cable y se fue)

currar / curro /

currante lavorare/lavoro/lavoratore

cutre di bassa qualità, brutto

dar la paliza dar fastidio

descojonarse / partirse el culo de las risas ridere a crepapelle

echarse al monte ribellarsi

empollar / ser un empollón Studiare molto / Essere un secchione

en bolas nudo

en cueros nudo

enrollarse como una persiana Parlare un sacco senza mai fermarsi

espicharla morire, crepare

estar mosca stare all'occhio

flipar rimanere sbalorditi

forofo fan, affezionato

guiri straniero

jolines! Jo va! Accidenti!

La leche! Cavolo!

la pera, es E' fortissimo

majo in gamba, simpatico

mangar rubare

me cago en... (la leche / la mar) Porca vacca / Porco cane

me da igual Fa lo stesso

mecachis! Mannaggia!

meter caña far pressione / accelerare

mo tienes abuela Non hai ritegno

mola / mola un

montón E' forte / E' forte un sacco

mola que te cagas (volg.) E' una figata pazzesca

mosquearse arrabbiarsi

no comerse una rosca non cuccare

no me importa un pimiento / me resbala non mi interessa nulla

no me vaciles non prendermi in giro ordenata computer (ordenador)

palizas, ser rompere le scatole

pasada, es una (è) bellissimo, (è) divertente

paso de / No me unto / Hago el avión Non mi interessa

paso olímpicamente Me ne frego altamente

pasta soldi

patear camminare molto

pedazo (de) indica qualcosa di grande o bello (¡vaya pedazo de barco! / vi un pedazo de chica)

pijo figlio di papà

pirarse andarsene

pringado / pringao che lavora molto (tipica frase: ¡eres un pringao!)

qué guai! Che bello!

qué morro / qué

jeta tienes! Che faccia tosta!

qué rollo! Che pizza!

quemarse stufarsi, arrabbiarsi

resaca mal di testa dopo una sbronza

tener enchufes Avvere "agganci", spintarelle

tiene un morro que se lo pisa E' uno sfacciato bestiale

torta / tortazo pugno, colpo in faccia

venga! Dai, forza, su!

Come dire l'ora

Che ore sono? ¿ Qué hora es?

Sono le... Son las...

14.10 dos y diez (de la tarde)

14.15 dos y cuarto

14.20 dos y veinte

14.30 dos y media

14.40 tres menos veinte

14.45 tres menos cuarto

12.00 las doce / mediodia

24.00 / 00-00 las doce / medianoche

16

LE LETTURE - LECTURAS

Allena la lettura della lingua spagnola con questi brevi e semplici testi. Puoi anche esercitarti a riscriverli su un quaderno e migliorare la tua abilità.

- Prima lettura

¡Hola a todos! Me llamo Teodoro, soy de Madrid y tengo 13 años. Mi día a día es un poco aburrido durante la semana, pero los fines de semana hago muchas cosas diferentes y divertidas. Durante la semana por las mañanas me levanto pronto, me ducho, desayuno o salgo corriendo para llegar a tiempo a la escuela que está bastante cerca de mi casa. Todos los días vuelvo a comer a casa y, después de comer, estudio un poco hasta que llegan las 5 o 6 de la tarde. Los lunes, miércoles y viernes voy a jugar al tenis. Los martes y jueves voy a clases de guitarra: ¡me encanta la música! Por la noche ceno en casa y después veo un poco la televisión con mis padres o navego por internet. Después me voy a dormir a las 22:30. Un saludo y otro día te cuento lo que hago los fines de semana. Teodoro.

- Seconda lettura

Querido diario,

Ayer el profesor nos leyó unas páginas de la novela Cien años de soledad. Yo no la conocía y me pareció bastante rara, pero también me gustó la historia de ese pueblo totalmente inventado que se llama Macondo. Entonces hoy he buscado información sobre el autor, Gabriel García Márquez y he descubierto que en 1982 ganó el premio Nobel de Literatura, murió en 2014, era colombiano y todo el mundo le llamaba Gabo. Todavía no sé si voy a leer todo el libro. Pienso buscar más información en algún grupo de lectores en la red. A ver si está entre las lecturas recomendadas... Hasta mañana,

Pili

- Terza lettura

Mi familia

¡Buenos días! Hoy me gustaría presentarles a mi familia. Soy el padre, me llamo Gennaro Pirlo, tengo treinta y siete años y trabajo como escritor y periodista desde los veinte.

Mi mujer se llama Antonella Totti, tiene treinta y cinco años y es una maravillosa actriz de teatro.

Nuestra familia también está formada por otras dos personas, nuestros hijos, Manuela de diecisiete años y Marco de quince, y también está Tremendo, el perro que vive con nosotros desde hace nueve años, y es parte de la familia. Todos vivimos en nuestra hermosa casa con un gran jardín.

Mi hijo es DJ y toca la batería, y a mi hija le encanta pintar y es pintora. Ambos van al instituto y tienen muy buenas notas en la escuela.

- Quarta lettura

Mi familia y yo vivimos en una casa grande no muy lejos del centro, pero rodeada de vegetación.

Es luminoso, espacioso y, en las cercanías, hay un hermoso parque donde se puede ir a pasear. Mi casa consta de dos plantas y tiene un gran jardín.

En la planta baja se encuentra el hall de entrada, la cocina, el comedor y un baño. En la primera planta hay tres dormitorios y dos baños.

En un dormitorio están mis padres, ¡su habitación es la más grande de toda la casa! Comparto la habitación con mi hermana, mientras que mi hermano mayor tiene una habitación más grande para él solo.

¡Mi habitación es realmente hermosa! Tiene un gran balcón que da al jardín y, si miras de cerca el horizonte en un día claro, ¡puedes incluso ver el mar! ¡Me encanta mi casa!

- Quinta lettura

Mi semana

Me llamo Sabrina, tengo 21 años y estudio informática en la Universidad de Milán. Cada mañana me despierto a las 7, me levanto, me ducho, me seco el pelo y me preparo un buen desayuno con café, leche, galletas y mermelada. Después me lavo los dientes, hago la cama y a las 8.15 llevo al perro al parque durante unos 20 minutos, para luego ir a la universidad en autobús.

Asisto a clases y muy a menudo estudio en la biblioteca con mi amiga Lucía. Suelo comer en la cantina de la universidad. Por la tarde vuelvo a casa andando porque me gusta mucho caminar y mirar los escaparates. Los miércoles por la noche voy a clase de yoga y cuando llego a casa me doy un buen baño relajante antes de irme a dormir.

El sábado es mi día libre, así que puedo levantarme más tarde. Por la mañana limpio mi habitación y juego con el perro. Por la noche me maquillo, me peino, me visto con mi ropa favorita de moda y salgo con mis amigos al cine, a comer pizza o, a veces, a la discoteca.

- Sesta lettura

Italia

Me llamo Franz Heisterbach. La primera vez que fui a Italia fue a través de la universidad, para participar en el proyecto Erasmus.

Este viaje universitario duró seis meses, recuerdo que todo era muy extraño, la gente temblaba y movía las manos cuando se comunicaban entre sí. Me acogió la Universidad Federico II de Nápoles, aunque visité Bolonia, Roma y Milán.

Milán no me gustó tanto, era demasiado fría, Roma es realmente maravillosa, y viendo los monumentos pude entender por qué la llaman "La Ciudad Eterna".

Bolonia es encantadora, pequeña y tranquila, me gustó mucho, es una ciudad que recuerdo por su color rosa. Hace diez años que no voy a Italia y estoy deseando volver.

Che ne dici di provare a leggere qualcosa di più complicato? Ecco per te una favola classica in chiave spagnola. È il capitolo secondo della famosa storia di Pinocchio riscritto in lingua spagnola.

El maestro Cherry le da el trozo de madera a su amigo

Geppetto, que quiere hacer una marioneta maravillosa que puede bailar, hacer vallas y dar saltos mortales. Se oye un golpe en la puerta.

- Entra, - dice el carpintero sin tener fuerzas para levantarse.

Entonces un anciano vivaz, cuyo nombre es Geppetto. Los niños del barrio, cuando quieren hacerle enfadar, le llaman por el apodo de Polendina, porque tiene un peluca amarilla que se parece mucho a las gachas de maíz. Geppetto es muy susceptible. Si alguien le llama Polendina se vuelve tan furioso como una bestia.

- Buenos días, maestro Antonio. - dice Geppetto. - ¿Qué haces en ¿el suelo?

- Estoy enseñando a las hormigas a leer.

- Diviértete.

- ¿Qué te trajo a mí, Maestro Geppetto?

- Mis piernas. He venido a usted, Maestro Antonio, para pedirle un favor.

- A su servicio. - dice el carpintero, poniéndose de rodillas.

- Esta mañana se me ocurrió una idea.

- ¡Oigamos!

- Se me ocurrió hacer una hermosa marioneta de madera. Pero una marioneta maravillosa: debe ser capaz de bailar, cercar y hacer y dar volteretas. Con esta marioneta, quiero viajar por el mundo para ganar un trozo de pan y un vaso de vino. ¿Qué es lo que ¿se parece?

- ¡Bravo Polendina! - grita la habitual vocecita, nadie sabe de dónde.

Geppetto cuando oye llamarse Polendina se pone rojo rojo como un pimiento de rabia, y le dice al carpintero:

- ¿Por qué me ofendes?

- ¿Quién le ofende?

- ¡Me has llamado Polendina!...

- No fui yo.

- ¿Entonces fui yo? Yo digo que fuiste tú.

- ¡No!

- ¡Sí!

- ¡No!

- ¡Sí!

Y cada vez más enfadados, pasan de las palabras a los hechos: se agarrándose, mordiéndose, arañándose y dándose un un montón de golpes. Cuando la pelea termina, mastr'Antonio encuentra la peluca amarilla de Geppetto en sus manos, y éste se da cuenta de que tiene la peluca en la boca. se da cuenta de que tiene la peluca canosa del carpintero en la boca.

- ¡Dame mi peluca! - grita el maestro Antonio.

- Y tú me das la mía, y nos reconciliamos.

Los dos ancianos recuperan sus pelucas, se dan la mano y juran seguir siendo buenos amigos toda la vida.

- Entonces, amo Geppetto, ¿cuál es el placer que quiere de mí?

- Un poco de madera para hacer mi marioneta.

El maestro Antonio, encantado, va enseguida a buscar en el banco ese trozo de madera que tanto miedo le ha causado. Pero como está a punto de dárselo a su amigo, el trozo de madera se le escapa de las manos y golpea con fuerza las espinillas del pobre Geppetto.

- ¡Ah! ¿Esta es la forma educada de dar tus cosas? Mi ¡Casi me dejas lisiado!

- ¡Juro que no fui yo!

- ¡Entonces tal vez fui yo!

- Todo es culpa de esta madera...

- Sé que es la madera: pero eres tú quien la ha tirado en mi ¡Piernas!

- ¡No te lo he tirado!

- ¡Mentiroso!

- ¡Geppetto, no me insultes o te llamaré Polendina!

- ¡Idiota!

- ¡Polendina!

- ¡Burro!

- ¡Polendina!

- ¡Mono!

- ¡Polendina!

Cuando Geppetto oye llamarse Polendina por tercera vez, pierde la cabeza, salta sobre el carpintero y se dan un montón de golpes. Cuando el combate termina, el maestro Antonio tiene dos arañazos más en su nariz, y los otros dos botones menos en su chaqueta. Una vez que se ha establecido de esta manera, se dan la mano y juran seguir siendo buenos siguen siendo buenos amigos toda la vida.

Mientras tanto, Geppetto coge el trozo de madera, da las gracias al maestro Antonio y se va cojeando a casa.

Le favole in spagnolo - cuentos de hadas en español

Perché non provare ad imparare lo spagnolo leggendo un libro, meglio se una favola già conosciuta? Se Pinocchio potrà sicuramente essere d'aiuto, ora proporrò alcune favole ancor più famose, che sicuramente da bambini avremo letto tante e tante volte e che, ancora oggi, raccontiamo ai nostri figli e ai nostri nipoti. Non scriverò il titolo: prova ad indovinarlo da solo. E attenzione: potresti trovare alcuni errori, riesci a riconoscerli?

* Titolo…

Había una vez una dulce niña; nada más verla todo el mundo la quería, y en especial su abuela que ya no sabía qué darle. Una vez le regaló una caperucita de terciopelo rojo, y como le sentaba tan bien, y no quería ponerse otra cosa, siempre la llamaban Caperucita Roja. Un día su madre le dijo: "Ven, Caperucita, aquí tienes un trozo de pastel y una botella de vino, llévaselos a la abuela; está débil y enferma y se refrescará. Sé amable, salúdala de mi parte y pórtate bien sin salirte del camino, o te caerás, romperás la botella y la abuela se quedará con las manos vacías".

"Sí, lo haré todo bien", prometió Caperucita a su madre, y le dio la mano. Pero la abuela vivía fuera, en el bosque, a media hora del pueblo. Cuando Caperucita Roja llegó al bosque, se encontró con el lobo, pero no sabía que era una bestia tan mala y no tuvo miedo. "Buenos días, Caperucita Roja", dijo ésta. "Gracias, lobo". - "¿A dónde vas tan pronto, Caperucita Roja?" - "A casa de la abuela". - "¿Qué tienes debajo del delantal?" - "Vino y focaccia para la débil y vieja Abuela; ¡hicimos pan ayer, así que la fortalecerá!" - "¿Dónde vive tu abuela, Caperucita Roja?" - "A un buen cuarto de hora de aquí, en el bosque, bajo los tres grandes robles; allí está su casa, está bajo el matorral de avellanos, ya lo sabrás", dijo Caperucita. El lobo pensó para sí mismo: Esta tierna niña es un sabroso bocado para ti, debes asegurarte de atraparla. Se alejó un poco con Caperucita Roja y le dijo: "Mira qué flores tan bonitas hay en el bosque, Caperucita

Roja; ¿por qué no miras a tu alrededor? Creo que ni siquiera oyes cómo los pajaritos cantan dulcemente. Te pones serio como si fueras a la escuela, ¡y el bosque es tan alegre!"

Caperucita Roja levantó la vista, y al ver los rayos del sol filtrándose entre los árboles, y todo alrededor lleno de hermosas flores, pensó: Si le traigo a su abuela un ramo de flores, se pondrá contenta; es tan temprano que aún estoy a tiempo. Y corrió hacia el bosque en busca de flores. Y cuando hubo escogido uno, pensó que más adelante había uno aún más hermoso, corrió hacia allí y así se adentró más y más en el bosque. En cambio, el lobo fue directamente a la casa de su abuela y llamó a la puerta. "¿Quién es?" - "Caperucita Roja, te traigo vino y bollos; abre". - "No tienes más que levantar el ascensor", gritó la abuela, "estoy demasiado débil y no puedo subir". El lobo levantó la verja, entró y, sin mediar palabra, se dirigió directamente a la cama de la abuela y se la tragó. Luego se puso la ropa y el gorro, se acostó en la cama y corrió las cortinas.

Pero Caperucita Roja había estado deambulando en busca de flores, y cuando hubo recogido tantas que no pudo cargar más, se acordó de su abuela y se dispuso a ir a verla. Cuando llegó, se sorprendió de que la puerta estuviera abierta de par en par, y al entrar en la habitación tuvo una impresión tan extraña que pensó: "¡Dios mío, qué susto hoy! Y pensar que suelo pasar tanto tiempo con la abuela!". Así que se acercó a la cama y corrió las cortinas: la abuela estaba tumbada con la cofia bajada sobre la cara, y tenía un aspecto extraño. "¡Abuela, qué orejas tan grandes!" - "Para escucharte mejor". - "¡Oh, abuela, qué ojos tan grandes!" - "Para verte mejor". - "¡Oh, abuela, qué manos tan grandes!" - "Para comprenderte mejor". - "Pero, abuela, ¡qué boca de miedo!" - "¡Para devorarte mejor!" Y mientras decía estas palabras, el lobo saltó de la cama y se tragó a la pobre Caperucita Roja.

Luego, con la barriga llena, volvió a la cama, se durmió y empezó a roncar con fuerza. En ese momento pasó el cazador y pensó: "¡Cómo ronca la vieja! Hay que echarle un vistazo por si necesita algo". Entró en la habitación y al acercarse a la cama vio al lobo que buscaba. Estaba a punto de apuntar con su rifle cuando se le ocurrió que tal vez el lobo se había tragado a su abuela y aún podía salvarla. Así que no disparó, sino que cogió unas tijeras y abrió el vientre del lobo dormido. Tras dos cortes vio brillar a la caperucita roja, y tras otros dos la niña saltó gritando: "¡Qué susto me he llevado! Estaba tan oscuro en la barriga del lobo". Entonces también salió la abuela aún viva. Y Caperucita Roja fue a buscar unas grandes piedras con las que llenaron la barriga del lobo; cuando éste se despertó hizo por huir, pero las piedras eran tan pesadas que inmediatamente cayó al suelo y murió.

Los tres fueron felices: el cazador se llevó la piel del lobo, la abuela se comió el bollo y se bebió el vino que le había traído Caperucita; y Caperucita pensó para sí misma: "Nunca más correrás sola por el bosque, lejos del camino, cuando tu madre te lo ha prohibido."

Cuentan también que una vez Caperucita estaba llevando un bollo a su anciana abuela, y otro lobo le había hablado, tratando de persuadirla para que se desviara del camino Pero Caperucita no hizo caso, siguió su camino y le dijo a su abuela que había visto al lobo que la había saludado, mirándola, sin embargo, con ojos fieros: "¡Si no hubiéramos estado en el camino público, me habría comido!" - "Ven", dijo la abuela, "cierra la puerta para que no entres". Poco después el lobo llamó a la puerta y dijo: "Abre, abuela, es Caperucita, te traigo el bollo". Pero aquellos, que estaban callados, no abrieron; entonces el malvado se paseó un poco por la casa, y finalmente saltó al tejado para esperar a Caperucita, al anochecer, para tomar el camino de vuelta: quería seguirla a hurtadillas para comérsela en la oscuridad. Pero la abuela comprendió sus intenciones. Había un gran abrevadero de piedra delante de la casa, y le dijo a la niña: "Trae el cubo, Caperucita; ayer cociné las salchichas; lleva el agua al abrevadero donde hierven". Caperucita Roja trajo mucha agua, hasta que el gran abrevadero estuvo bien lleno. Entonces el olor de las salchichas llegó a las fosas nasales del lobo, que olfateó y espió hacia abajo, y al final estiró tanto el cuello que ya no pudo contenerse y empezó a resbalar: se deslizó desde el tejado hasta el gran abrevadero y se ahogó. En cambio, Caperucita Roja volvió a casa toda alegre y nadie le hizo daño.

- Titolo…

Había una vez una vieja cabra que tenía siete cabritas, y las quería como una madre quiere a sus hijos. Un día se le ocurrió ir al bosque a por provisiones para la cena; llamó a los siete y les dijo: "Queridos pequeños, quiero ir al bosque; tened cuidado con el lobo; si viene, os comerá a todos de un bocado. Ese bribón se disfraza a menudo, pero lo reconocerás enseguida por su voz ronca y sus patas negras". Las cabritas dijeron: "Querida madre, tendremos mucho cuidado; puedes irte tranquilamente". La anciana baló y se marchó confiada.

Poco después, llamaron a la puerta, gritando: "Abrid, queridos pequeños; vuestra madre está aquí, y os ha traído un regalo para cada uno". Pero, por la voz ronca, las cabritas se dieron cuenta de que era el lobo. "No abramos", dijeron, "tú no eres nuestra madre; la madre tiene una vocecita dulce, la tuya es ronca; tú eres el lobo". Entonces el lobo fue a un tendero y compró un gran trozo de arcilla; se lo comió, y así suavizó su voz. Entonces volvió, llamó a la puerta y gritó: "Abrid, queridos pequeños, ahí está vuestra madre, que os ha traído un regalo para cada uno". Pero ella había apoyado su pata negra en la ventana; los pequeños la vieron y gritaron: "No abramos; nuestra madre no tiene las patas negras como tú: tú eres el lobo". Entonces el lobo corrió hacia un panadero y le dijo: "Me he hecho daño en el pie; unta un poco de pasta en él". Cuando el panadero se untó la pata, corrió hacia el molinero y le dijo: "Unta mi pata con harina blanca". El molinero pensó: "El lobo quiere engañar a alguien, y se negó; pero el lobo le dijo: "Si no lo haces, te comeré". Entonces el molinero tuvo miedo y encaló su pata. Sí, también los hombres.

Ahora el bribón fue por tercera vez a la puerta, llamó y dijo: "Abrid, pequeños; vuestra querida mamá ha vuelto del bosque y os ha traído un regalo para cada uno." Las cabritas gritaron: "Primero déjanos ver tu pata, porque sabemos si eres nuestra querida mamá". Entonces el lobo puso la pata en la ventana, y cuando vieron que era blanca creyeron que todo lo que decía era cierto y abrieron la puerta. Pero fue el lobo quien entró. Los niños se asustaron e intentaron esconderse. El primero saltó bajo la mesa, el segundo en la cama, el tercero en la cocina, el cuarto en la cocina, el quinto en el armario, el sexto bajo el fregadero, el séptimo en la caja del reloj de péndulo. Pero el lobo los encontró todos y no hizo ningún cumplido: se los tragó uno tras otro; pero el último, dentro de la caja del reloj, no lo encontró. Cuando se le pasaron las ganas, el lobo se marchó, se tumbó bajo un árbol del verde prado y se fue a dormir.

Poco después, la vieja cabra regresó del bosque. ¡Ah, lo que tenía que ver! La puerta de la casa estaba abierta de par en par, las sillas y los bancos de la mesa estaban volcados, el lavabo estaba hecho pedazos, la manta y las almohadas arrancadas de la cama. Buscó a sus pequeños, pero no los encontró por ninguna parte. Los llamó por su nombre, uno tras otro, pero nadie respondió. Finalmente, cuando llamó a su hijo menor, una vocecita gritó: "Querida mamá, estoy escondido en la caja del reloj". Ella lo sacó y él le dijo que el lobo había venido y devorado a todos los demás. ¡Piensa en cómo lloró por sus pobres pequeños!

Al final salió toda angustiada, y la cabra más pequeña salió corriendo con ella. Cuando llegó al prado, allí estaba el lobo tumbado bajo el árbol, roncando tanto que las ramas temblaban. Lo miró por todos lados y se dio cuenta de que en su vientre hinchado algo se movía y se retorcía. "Ah, Dios mío", pensó, "¿siguen vivos mis pobres pequeños, a los que el lobo ha devorado para cenar?". Le dijo al chico que corriera a su casa a buscar tijeras, aguja e hilo. Entonces abrió el vientre del monstruo; y al primer corte, una de las cabritas sacó la cabeza, y luego, al cortar, saltaron las seis, y todas estaban vivas y sanas, pues el monstruo se las había tragado enteras por codicia. ¡Qué alegría! Se aferraban a su querida madre y saltaban contentos como pastores. Pero la anciana dijo: "Ve, ahora; y busca algunas piedras para llenar la barriga de este condenado antes de que se levante". Entonces los siete cabritos arrastraron apresuradamente las piedras y arrojaron a ese vientre todas las que pudieron cargar. Entonces la anciana lo cosió en un instante, de modo que el lobo no se dio cuenta y ni siquiera se movió.

Por fin, después de haber dormido bien, el lobo se levantó y, como las piedras en el estómago le daban mucha sed, quiso ir a una fuente. Pero cuando empezó a moverse, las piedras comenzaron a repiquetear en su vientre con gran ruido. Entonces gritó:

"Rumble" y "rumble

En mi vientre pensé que eran

Seis cabritas, son piedras

Bonito y bueno".

Y cuando llegó a la fuente y se inclinó sobre el agua para beber, el peso de las piedras lo arrastró y se ahogó miserablemente. Al ver esto, las siete cabritas vinieron corriendo, gritando: "¡El lobo ha muerto! ¡El lobo ha muerto!". Y con su madre bailaron con alegría alrededor de la fuente.

- Titolo…

La mujer de un hombre rico cayó enferma y, cuando sintió que se acercaba el final, llamó a su único hijo a la cabecera de su cama y le dijo: "Sé siempre manso y bueno, así el buen Dios te ayudará y yo velaré por ti desde el cielo y estaré cerca de ti." Luego cerró los ojos y murió. La doncella iba todos los días a la tumba de su madre, lloraba y era siempre mansa y buena. La nieve cubrió la tumba con un paño blanco, y cuando el sol lo retiró, el hombre volvió a tomar una esposa.

La mujer tenía dos hijas que se llevó a casa, y eran hermosas y blancas de cara, pero feas y negras de corazón. Para la hijastra comenzaron días tristes. "¿Qué quiere ese inútil del salón?", dijeron. "El que come el pan debe ganárselo: ¡fuera, mozo de cocina!" Le quitaron sus hermosas ropas, le dieron una vieja palandrana gris para que se la pusiera y la llevaron a la cocina, burlándose de ella. Allí tenía que trabajar duro: se levantaba antes de que amaneciera, iba a por agua, encendía el fuego, cocinaba y se lavaba. Además, sus hermanas le hacían todo tipo de cosas, se burlaban de ella y echaban garbanzos y lentejas en las cenizas, para que tuviera que recogerlas una a una. Por la noche, cuando estaba cansada, no se acostaba, sino que tenía que acostarse en las cenizas junto al hogar. Y como siempre estaba sucia y polvorienta, la llamaban Cenicienta.

Un día, el padre quiso ir a la feria y preguntó a las dos hijastras qué debía llevarles. "Bonita ropa", dijo el primero. "Perlas y gemas", dijo el segundo. "Y tú, Cenicienta", dijo él, "¿qué quieres?" - "Babbo, la primera ramita que choque con tu sombrero en el camino de vuelta", respondió Cenicienta. Así que compró hermosos vestidos, perlas y piedras preciosas para sus dos hijastras; y en el camino de vuelta, mientras cabalgaba por un verde bosque, una rama de avellano le rozó y le hizo caer el sombrero. Entonces arrancó la ramita, y al llegar a casa dio a las dos hijastras lo que habían pedido, y a Cenicienta le dio la rama de avellano. Cenicienta lo cogió, fue y lo plantó en la tumba de su madre, y lloró tanto que sus lágrimas lo regaron. Así creció y se convirtió en un hermoso árbol. Cenicienta iba allí tres veces al día, lloraba y rezaba, y cada vez un pajarito se posaba en el árbol y le daba lo que había deseado.

Sucedió que el rey dio una fiesta que iba a durar tres días, para que su hijo pudiera elegir una novia. Las dos hermanastras también estaban invitadas, así que llamaron a Cenicienta y le dijeron: "Péinate, cepíllate los zapatos y asegúrate las hebillas: vamos a bailar en la fiesta del rey". Cenicienta obedeció, pero lloró, pues ella también querría ir al baile, y rogó a su madrastra que le diera permiso. "Tú, Cenicienta", dijo ella, "no tienes nada que ponerte, no sabes bailar, ¡y te gustaría ir a la boda!". Pero Cenicienta insistió, y la madrastra terminó diciéndole: "Verteré un plato de lentejas en las cenizas para ti, y si en dos horas las sacas todas, te irás también". La madrastra volcó las lentejas en la ceniza, pero la doncella se dirigió al jardín que había detrás de la casa y llamó: "Mis dulces tórtolas, y vosotros, pajarillos todos del cielo, venid a ayudarme a elegir las lentejas: Los buenos me los das tú, los malos te los comes".

Luego, a través de la ventana de la cocina, entraron dos tórtolas blancas, y después las tórtolas, y finalmente, revoloteando, entraron todos los pajaritos del aire, y se posaron alrededor de las cenizas. Y las palomitas asintieron con sus cabecitas y comenzaron, pic, pic, pic, y luego las otras se unieron, pic, pic, pic, y recogieron todos los granos buenos del plato. No había pasado ni una hora que ya habían terminado y todos se fueron volando. Entonces la doncella, toda encantada, llevó el plato a su madrastra y pensó que ella también podría ir a la boda. Pero la madrastra dijo: "No, Cenicienta; no tienes ropa y no sabes bailar; no vendrás". Pero Cenicienta empezó a llorar, y la madrastra le dijo: "Si en una hora puedes recoger de las cenizas y elegir dos platos llenos de lentejas, tú también vendrás". Y pensó: "Nunca tendrá éxito". Cuando su madrastra hubo vertido los dos platos de lentejas en las cenizas, la doncella se dirigió al jardín que había detrás de la casa y gritó: "Mis dulces palomitas, y vosotras, tórtolas pequeñas, y vosotras, pajaritos todos del cielo, venid a ayudarme a elegir: Los buenos me los das tú, Los malos te los comes".

Luego entraron por la ventana de la cocina dos tórtolas blancas, y después las tórtolas, y finalmente, revoloteando y revoloteando, entraron todos los pajaritos del aire, y se posaron alrededor de las cenizas. Y las palomitas asintieron con sus cabecitas y empezaron, pic, pic, pic, y luego las otras se unieron, pic, pic, pic, y recogieron todos los granos buenos en los platos. Y no había pasado ni media hora que ya habían terminado y se fueron todos volando. Entonces la doncella, toda encantada, llevó los platos a su madrastra y pensó que ella también podría ir a la boda. Pero la madrastra dijo: "Es inútil: no vienes, porque no tienes ropa y no sabes bailar; deberíamos avergonzarnos de ti". Así, se fue con sus dos hijas.

Al quedarse sola, Cenicienta se dirigió a la tumba de su madre, bajo el avellano, y gritó: "Planta de la sacudida, escúchame, de oro y plata debes cubrirme".

Entonces el pájaro le lanzó un vestido de oro y plata y unos zapatos acolchados de seda y plata. Cenicienta se puso el vestido y fue a la boda. Pero sus hermanas y su madrastra no la reconocieron y pensaron que se trataba de una princesa desconocida, tan hermosa con el rico vestido. No pensaron en absoluto en Cenicienta, y pensaron que se quedaba en casa en la mugre. El príncipe se acercó a ella, la tomó de la mano y bailó con ella. Y no quiso bailar con nadie más; nunca le soltó la mano, y si otro la invitaba le decía: "Es mi bailarina".

Cenicienta bailó hasta el anochecer, y luego quiso volver a casa. El príncipe dijo: "Iré a acompañarte", pues quería ver de dónde venía la hermosa doncella, pero ésta se le escapó y saltó al palomar. El príncipe esperó entonces a que volviera su padre y le dijo que la doncella desconocida había saltado al palomar. El príncipe pensó: "¿Será Cenicienta?" e hizo traer un hacha y un pico para derribar el palomar, pero no había nadie dentro. Y cuando volvieron a la casa, Cenicienta estaba tendida sobre las cenizas con sus ropas sucias, y una lámpara de aceite apenas ardía en el hogar. Rápidamente había saltado del palomar y corrido hasta el avellano; allí se había quitado sus hermosas ropas, las había depositado sobre la tumba, y el pájaro se las había llevado de vuelta; y ella, en su palandrana gris, yacía sobre las cenizas en la cocina.

Al día siguiente, cuando la fiesta comenzó de nuevo y los padres y las hermanastras volvieron a salir, Cenicienta se metió debajo del avellano y gritó: "Planta de la sacudida, escúchame, de oro y plata debes cubrirme".

Entonces el pájaro le lanzó un vestido aún más soberbio que el primero. Y cuando apareció en la boda así vestida, todos se maravillaron de su belleza. El príncipe la esperó, la tomó de la mano y bailó sólo con ella. Cuando los demás la invitaron, dijo: "Esta es mi bailarina". Al anochecer se marchó y el príncipe la siguió para averiguar dónde vivía; pero ella huyó de un salto al jardín de detrás de la casa. Había un hermoso y alto árbol del que colgaban magníficas peras; rápidamente se subió a él, y el príncipe no supo a dónde había desaparecido. Pero esperó a que llegara su padre y le dijo: "La doncella desconocida se me ha escapado y creo que se ha subido al peral". El padre pensó: ¿Será Cenicienta? Hizo traer su hacha y cortó el árbol, pero no había nadie en él. Y cuando entraron en la cocina, Cenicienta estaba tendida como de costumbre sobre las cenizas: había bajado de un salto desde el otro lado del árbol, había devuelto las hermosas túnicas al pájaro del avellano y se había puesto su palandrana gris.

Al tercer día, cuando sus padres y hermanas se habían marchado, Cenicienta volvió a la tumba de su madre y le dijo al arbolito: "Planta de la sacudida, escúchame, de oro y plata debes cubrirme".

Entonces el pájaro le arrojó un vestido tan lujoso como cualquiera que hubiera visto hasta entonces, y las zapatillas eran todas de oro. Cuando apareció en la boda, la gente se quedó muda de asombro. El príncipe sólo bailaba con ella; y si alguien la invitaba, decía: "Es mi bailarina".

Cuando llegó la noche, Cenicienta se marchó; el príncipe quiso acompañarla, pero ella lo eludió. Sin embargo, perdió su zapatilla izquierda, pues el príncipe había untado toda la escalera con brea y la zapatilla se quedó pegada a ella. Lo cogió y, con él, fue al día siguiente a ver al padre de Cenicienta y le dijo: "La que sepa llevar este zapatito de oro será mi novia". Entonces las dos hermanas se alegraron porque tenían un bonito pie. La mayor fue con el zapato a su habitación y quiso probárselo delante de su madre. Pero el zapato era demasiado pequeño y el dedo gordo no le cabía; así que su madre le entregó un cuchillo y le dijo: "Córtate el dedo: cuando seas reina ya no necesitarás caminar". La doncella se cortó

el dedo, metió el pie en el zapato y se dirigió al príncipe. La subió a su caballo como su novia y partió con
ella. Pero tuvieron que pasar junto a la tumba; en la
piedra había dos palomas que gritaban: "Date la
vuelta y mira a la pequeña novia: tiene sangre en su
zapatilla, para su pie es demasiado estrecho. Todavía
la novia en casa te espera".

Entonces miró su pie y vio que salía sangre de él.
Hizo girar su caballo, llevó a la falsa novia a casa y
dijo: "Esta no es la verdadera; la otra hermana debe
probar la herradura". Ésta fue a su habitación y consiguió meter los dedos del pie en el zapato, pero el
tacón era demasiado grande. Entonces su madre le
entregó un cuchillo y le dijo: "Córtate un trozo de
talón: cuando seas reina no necesitarás caminar". La
doncella se cortó un trozo de tacón, metió el pie en el
zapato y se dirigió al príncipe. La subió a su caballo
como su novia y partió con ella. Pero cuando pasaron
por el avellano, las dos palomas gritaron:

"Date la vuelta y mira a la novia:

tiene sangre en su zapatilla,

Para su pie es demasiado estrecho.

Todavía la novia en casa te está esperando".

Le miró el pie y vio la sangre que salía a borbotones del zapato, chorreando color púrpura sobre las
medias blancas. Luego hizo girar su caballo y llevó a

la falsa novia a su casa. "Este no es el verdadero", dijo. "¿No tienes otra hija?" - "No", respondió el hombre, "sólo hay una cenicienta fea de la esposa que se me murió: pero no puede ser la novia". El príncipe le dijo que mandara a buscarla, pero la madrastra le contestó: "Ah no, está demasiado sucia, no se puede ver". Pero lo quería absolutamente, y tenían que llamar a Cenicienta. Primero se lavó bien las manos y la cara, y luego fue a inclinarse ante el príncipe, que le entregó el zapatito de oro. Entonces se quitó el pesado zueco del pie, lo introdujo en la zapatilla y empujó un poco: le quedaba como un guante. Y cuando se levantó, la reconoció y dijo: "¡Esta es la verdadera novia!" La madrastra y las dos hermanastras se asustaron y palidecieron de ira, pero él subió a Cenicienta al caballo y se marchó con ella. Cuando pasaron por el avellano, las dos palomas blancas gritaron: "Date la vuelta y mira a la novia, no hay más sangre en el zapato pequeño, se adapta perfectamente al pie pequeño. Acoge a la novia bajo tu techo".

Y tras decir estas palabras, bajaron volando y se posaron sobre los hombros de Cenicienta, uno a la derecha y otro a la izquierda, y allí se quedaron.

Cuando la boda con el príncipe estaba a punto de celebrarse, llegaron las falsas hermanastras: querían congraciarse con Cenicienta y compartir su buena fortuna. A la entrada de la iglesia, el mayor se situó a la derecha de Cenicienta, el menor a su izquierda. Entonces las palomas le sacaron el ojo a cada una. Entonces, al salir, el mayor iba a la izquierda y el menor a la derecha; y las palomas le sacaron a cada uno el otro ojo. Así fueron castigados con la ceguera por ser falsos y malvados.

CONCLUSIONE - CONCLUSIÓN

Lo spagnolo, come qualsiasi altra lingua che si voglia imparare, non è facile, ma ecco 10 modi sicuri per impararlo più velocemente, più uno che preferisco per un corso di spagnolo in Spagna!

- Cantare le canzoni

Se ricordate quanto ho sostenuto all'inizio sulla musica spagnola nel mio editoriale "3 ragioni per cui ho imparato lo spagnolo", allora ricorderete che la lingua e la cultura spagnola sono piene di passione, o passione, come la chiamano loro. Esistono quindi centinaia (letteralmente!) di ballate romantiche. E, se non l'avete notato, le ballate sono perfette perché hanno un ritmo lento e sono facili da cantare. Inizia con "Perdon" di Nicky Jam.

- Guardare le "telenovelas

Se pensavate che imparare frasi come "È stata la cameriera!" o "Il vostro gemello cattivo è tornato dall'oltretomba" non fosse molto utile a livello pratico, devo dirvi che vi sbagliate di grosso. Le "telenovelas", cioè le serie televisive prodotte in America Latina, sono un mezzo perfetto per imparare a seguire conversazioni relativamente semplici (e sì, molto teatrali). Se non volete immergervi in telenovelas completamente spagnole, ci sono serie come Ugly Betty e Jane the Virgin che usano lo spagnolo con parsimonia (e con i sottotitoli!). Oppure guardare le tante serie tv made in Spain. Soprattutto perché, gli amici spagnoli, amano cambiare i titoli delle serie più famose al mondo. Un buon inizio potrebbe essere guardare una di queste serie:

- La casa di carta: La casa de papel
- Elite
- Vis a vis
- Le ragazze del centralino: Las chicas des cables

* La cattedrale del mare: La catedral del mar
* Valeria
* Narcos
* Piccole coincidenze: Pequenas coincidencias
* Paso adelante
* Il mondo di Patty: Patito feo
* Violetta
* Extra
* Sin Identidad

* Leggete un po' di cose

Ci sono centinaia di eccellenti scrittori spagnoli, quindi cercateli. Ma non dimenticate di leggere anche riviste e libri di cucina. Questo vi aiuterà ad allenare la vostra mente a leggere le parole e a capirle davvero (altrimenti la vostra torta potrebbe finire per intossicare tutti e l'unico da biasimare sareste voi).

* Migliorare gli spostamenti

A piedi, in auto o in treno, potete sempre scaricare dei podcast in spagnolo da ascoltare mentre andate a scuola o al lavoro. Mezz'ora al giorno può essere molto utile se si utilizza questo tipo di "tempo morto" in modo produttivo.

- Tradurre

Se vedete qualcosa scritto o sentite parlare delle persone, provate a tradurlo in spagnolo. Questo vi permetterà di sintonizzarvi meglio con l'ambiente che vi circonda e di notare le parole che dovete imparare o su cui dovete lavorare. Potete anche scrivere i vostri post su Facebook in due lingue.

- Trovare qualcuno con cui parlare in spagnolo

Ma sul serio! Se per caso il vostro partner è interessato a parlare perfettamente la lingua che state cercando di imparare, può aiutarvi a imparare più velocemente. Potete anche trovare un amico che conosca lo spagnolo: funzionerebbe più o meno allo stesso modo, ma dato che la cultura spagnola è molto passionale, un contesto romantico può solo aiutarvi a imparare più velocemente.

- Trasferirsi in Spagna! O in Perù.

Andate a vivere in un paese dove si parla spagnolo. E parlate e basta. Mio padre si è trasferito in Sud America a 20 anni e non ha mai seguito un corso di spagnolo in tutta la sua vita, ma lo parla perfettamente. Il suo segreto? Comprò un dizionario, andò a rilassarsi su una spiaggia colombiana e scoprì che la gente del posto voleva incontrare questo gringo, cioè straniero, che gli indicava le parole, gli insegnava a pronunciarle e gli faceva gesti con la mano per aiutarlo a capire il significato.

- almeno fare un viaggio in un luogo di lingua spagnola (e fare pratica).

La pratica fa davvero la differenza. E non siate timidi. Anche con la lingua madre, all'inizio, si commettono sempre degli errori. Quindi parlate con il tassista, con il cameriere, con chiunque, possibilmente in un paese dove lo spagnolo è la lingua madre, in modo da fare pratica ogni giorno. Non potete spostarvi da casa? Provate a insegnare al vostro cane qualche comando in spagnolo; un cane ben educato non ha mai fatto male a nessuno!

- Impegnarsi di più nella memorizzazione

Non scrivete solo una parola, come "taco". In questo modo non si va molto lontano. Scrivete invece delle frasi. Ad esempio, "Questo taco è delizioso" o "Questo taco costa un dollaro". Con le frasi si va molto più lontano che con le singole parole e in questo modo si imparano anche più vocaboli e grammatica.

- Essere coerenti

Comunque decidiate di impostare il vostro studio dello spagnolo, fate una tabella di marcia e attenetevi ad essa. Se il vostro obiettivo è studiare almeno un'ora al giorno, fatelo! È come per l'esercizio fisico: non si può pensare di allenarsi intensamente per tre ore alla settimana e vedere dei risultati. Si noteranno maggiori progressi se ci si allena per un periodo di tempo più lungo anziché tutto in una volta.

E ricordate che ogni piccolo gesto conta.